JOÃO BOSCO OLIVEIRA
APARECIDA DE FÁTIMA FONSECA OLIVEIRA

FAMÍLIA EM MISSÃO

O protagonismo das famílias
na evangelização

DIREÇÃO EDITORIAL:
Pe. Fábio Evaristo R. Silva, C.Ss.R.

CONSELHO EDITORIAL:
Ferdinando Mancilio, C.Ss.R.
Gilberto Paiva, C.Ss.R.
José Uilson Inácio Soares Júnior, C.Ss.R.
Marcelo da Rosa Magalhães, C.Ss.R.
Mauro Vilela, C.Ss.R.
Victor Hugo Lapenta, C.Ss.R.

COORDENAÇÃO EDITORIAL:
Ana Lúcia de Castro Leite

COPIDESQUE:
Luana Galvão

REVISÃO:
Bruna Vieira da Silva

DIAGRAMAÇÃO E CAPA:
José Antonio dos Santos Junior

Dados Internacionais de Catalogação na Publicação (CIP) de acordo com ISBD

O354f   Oliveira, João Bosco

        Família em missão: o protagonismo das famílias na evangelização /João Bosco Oliveira, Aparecida de Fátima Fonseca Oliveira. - Aparecida, SP : Editora Santuário, 2020.
        176 p. ; 14cm x 21cm.

        Inclui índice e bibliografia.
        ISBN: 978-85-369-0623-2

        1. Família. 2. Evangelização. 3. Cristianismo. I. Oliveira, Aparecida de Fátima Fonseca. II. Título.

2019-2356   CDD 240
                                                                     CDU 24

Elaborado por Odilio Hilario Moreira Junior - CRB-8/9949

Índice para catálogo sistemático:
1. Religião : Cristianismo 240
2. Religião : Cristianismo 24

1ª impressão

Todos os direitos reservados à **EDITORA SANTUÁRIO** — 2020

Rua Padre Claro Monteiro, 342 — 12570-000 — Aparecida-SP
Tel.: 12 3104-2000 — Televendas: 0800 16 00 04
www.editorasantuario.com.br
vendas@editorasantuario.com.br

"É necessário criar condições eclesiais para que os fiéis deixem a posição de passividade e se tornem ativos e participantes na vida eclesial, assumindo a condição de sujeitos."

(Cf. Pe. Cleto Caliman, 2005, p. 243.)

Aos queridos Protagonistas na Família

Apresentação 1

Famílias protagonistas: formadoras de sujeitos eclesiais para a Evangelização

O Concílio Vaticano II foi o momento eclesial que trouxe uma reviravolta na missão dos cristãos leigos na Igreja. O capítulo IV da Constituição Dogmática *Lumen Gentium* (Luz dos Povos) sobre a Igreja, por exemplo, é todo consagrado ao lugar dos leigos em uma perspectiva de Igreja-Comunhão. E é ali que temos a definição: "Por leigos entendem-se aqui todos os cristãos que não são membros da sagrada Ordem ou do estado religioso reconhecido pela Igreja, isto é, os fiéis que, incorporados em Cristo pelo Batismo, constituídos em Povo de Deus e tornados participantes, a seu modo, da função sacerdotal, profética e real de Cristo, exercem, pela parte que lhes toca, a missão de todo o Povo Cristão na Igreja e no mundo (Lumen Gentium, 31a).

Para celebrarmos o "Ano do Laicato" (de 26 de novembro de 2017, Solenidade de Cristo Rei, a 25 de novembro de 2018) de modo frutuoso, foi aprovado, na 54ª Assembleia Geral da Conferência Nacional dos Bispos do Brasil (CNBB), realizada em Aparecida, SP, o documento "Cristãos leigos e leigas na Igreja e na sociedade" (CNBB, doc. 105), Sal da Terra e Luz do Mundo (Mt 5,13-14). Nele, a expressão "sujeitos eclesiais" foi desenvolvida para designar justamente o protagonismo dos leigos: "o laicato como um todo é um 'verdadeiro sujeito eclesial'" (Documento de Aparecida, 497a).

Os sujeitos eclesiais, portanto, são cristãos leigos que, a partir do próprio Batismo e do Sacramento da Confirmação, vivem intensamente a serviço do Reino de Deus, tendo uma missão especial na Igreja e, particularmente, nos ambientes vitais da sociedade, como, por exemplo, a família.

Desse modo, a família adquire para a Igreja uma importância totalmente particular: ser protagonista imprescindível da evangelização.

Falando da família como "o areópago primordial" da evangelização (CNBB, doc 105, 255), como não se lembrar do que afirma o Pontifício Conselho da "Justiça e Paz", que, no Capítulo V, intitulado "A família, célula vital da sociedade", dedica o quarto e o último ponto ao tema "A família, protagonista da vida social" (cf. Compêndio da Doutrina Social da Igreja, 246-251). Ali é ensinado o sentido da verdadeira solidariedade familiar:

> A subjetividade social das famílias, tanto singularmente tomadas como associadas, exprime-se, ademais, com múltiplas manifestações de solidariedade e de partilha, não somente entre as próprias famílias, como também mediante várias formas de participação na vida social e política. Trata-se da consequência da realidade familiar fundada no amor: nascendo do amor e crescendo no amor, a solidariedade pertence à família como dado constitutivo e estrutural. (Compêndio da Doutrina Social da Igreja, 246)

Desse modo, assim como a Igreja, a família é chamada a acolher, irradiar e manifestar, no mundo, o amor e a presença do próprio Cristo. O acolhimento e a transmissão do amor divino atuam-se na doação recíproca dos cônjuges, na procriação generosa e responsável, no cuidado e na educação dos filhos, no trabalho, nas relações sociais, na atenção aos necessitados, na participação da vida eclesial e no compromisso para a construção de uma sociedade mais solidária e justa.

Para tudo isso, a Sagrada Família é proposta pela Igreja como modelo de todas as famílias cristãs, pois nela Deus está sempre no centro de suas decisões e ocupa sempre o primeiro lugar em tudo. A Sagrada Família nos mostra a importância de a família estar unida nos tempos difíceis de crise e de instabilidade, aprofundando e apoiando-se no amor familiar, buscando soluções que ajudem o pai, a mãe e os filhos a serem cada vez mais unidos no diálogo fraterno e sincero e na busca da resolução dos problemas. Diz o Santo Evangelho: "Jesus desceu, então, com seus pais para Nazaré e era obediente a eles. Sua mãe guardava estas coisas no coração" (Lc 2,51).

Assim, tendo em vista o objetivo de alertar as famílias para essa realidade, surge "Família em missão", o novo livro escrito pelo querido casal, João Bosco Oliveira e Aparecida de Fátima Fonseca Oliveira, que há tanto estão empenhados na promoção e no fortalecimento da Pastoral Familiar, particularmente na Pastoral dos Casais em Segunda União Estável, da qual são os fundadores na diocese de Jundiaí, SP.

Nesta obra, a família aparece antes de tudo como uma grande escola de virtudes humanas (diálogo, coragem, paciência, correção, motivação, responsabilidade, comprometimento, pertença, entre outros) como também teologais (fé, esperança e caridade). Nessa perspectiva, a família é apresentada como o primeiro lugar de encontro com Deus, por isso ela surge como um facho de esperança em um mundo cada vez mais ferido pelo poder, pelo consumismo e pelos vícios.

Para tanto, faz-se necessário que cada membro da família, impulsionado pelo Espírito Santo e sob os cuidados da Virgem Maria e de São José, desempenhe o protagonismo que lhe é próprio na evangelização.

Por minhas orações, peço ao Bom Deus que esta nova obra alcance seu objetivo para a maior glória dele e pelo verdadeiro bem de nossas famílias.

A todos e, de um modo especial, ao casal João Bosco e Aparecida de Fátima abençoo. Deus lhes recompense por seus trabalhos infatigáveis e enriquecedores pela promoção e pela defesa da família.

Jundiaí, 12 de outubro de 2017
Festa de Nossa Senhora Aparecida
Comemoração dos 300 anos do aparecimento de sua imagem

Dom Vicente Costa
Bispo Diocesano de Jundiaí, SP

Apresentação 2

Com grande satisfação, apresento este excelente trabalho, que, realizado a "quatro mãos" pelo casal Dr. João Bosco Oliveira e Dra. Aparecida de Fátima Fonseca Oliveira, é importante contribuição para a evangelização das famílias.

"Família em missão", em seus quinze capítulos de leitura agradável, representa uma reflexão séria e iluminadora das consciências dos valores inalienáveis da família. Jesus, ao nascer em uma família, consagra-a como obra divina irrenunciável, como projeto do Pai.

O Evangelho é apresentado no livro como um elemento básico e iluminador dos caminhos da família hoje, tão bombardeada por forças contrárias, com ideologias enganadoras e, às vezes, com afirmações irresponsáveis sobre, por exemplo, a educação das crianças.

O Evangelho, não só como mensagem, mas como evento, acontecimento de Jesus Cristo na história, funciona como base sólida da família, sem o qual a casa inevitavelmente irá cair, e como luz que dá a ela um novo sentido e exerce sobre ela uma orientação segura e forte. É a demonstração de amor que une os membros da família, seja entre os pais, seja entre estes e os filhos, seja entre os irmãos. Não basta amar. É preciso que o outro se sinta sinceramente amado.

A família, como obra de Deus, iniciada de forma sacramental, deve ser preservada, defendida e anunciada. Ela precisa estar sempre em estado de reconstrução.

Para isso, ela conta com a ação da graça divina, que não a desampara. Sua participação na vida da comunidade eclesial a ajudará muito a defender-se e a propagar naturalmente seus valores.

Contudo, é preciso evangelizá-la com novos métodos, novas expressões e novo ardor, como nos tem ensinado a Igreja por meio dos Documentos papais e episcopais. Evangelizar é dar espaço para que Jesus Cristo aconteça entre nós e na família.

A tarefa de evangelizar não é só dos pastores, mas, neste caso, é, sobretudo, dos leigos, pois eles estão, de forma mais direta, nos lares e no dia a dia das atividades familiares.

Deixo aqui meus sinceros agradecimentos ao casal, autor da obra, pois tenho certeza de que ela ajudará muitas famílias.

Juiz de Fora, 2 de fevereiro de 2018
Festa da Apresentação do Senhor

Dom Gil Antônio Moreira
Arcebispo Metropolitano de Juiz de Fora, MG

Prólogo

O João Bosco e a Fátima são velhos conhecidos, amigos. Há uns 15 anos, encontrei-me com eles em Maceió, implantando na Arquidiocese a experiência dos casais em segunda união. Sempre foram sérios, conscienciosos do que faziam, com plena procura de fidelidade a Cristo, a sua Igreja e aos casais que, em situações complexas da vida e diante do Evangelho, procuravam uma autêntica vivência cristã. Foi assim que aprendi a querer-lhes bem!

Agora, pedem-me um prólogo desta obra, que não é a primeira, mas uma a mais no compromisso deles com a família, com a atividade evangelizadora da Igreja, sobretudo, com o que diz respeito ao protagonismo dos leigos! Aliás, eles gostam desta categoria: protagonismo! Pensei, então, em apresentar um brevíssimo resumo-comentário de cada capítulo deste livro para auxiliar em uma visão de conjunto do que aqui é tratado. Assim, cumpro a tarefa que me foi confiada: compor um prólogo! Espero que ajude como panorama para a compreensão daquilo a que os autores se propuseram, ao escrever estas páginas.

Capítulo I: A importância da família

Uma breve introdução: repropõe o constante sentir da Igreja que a família é de suma importância seja para a sociedade humana, seja para a própria Igreja. O próprio Senhor Jesus, ao fazer-se homem em uma família, fez da família de Nazaré exemplo para todas as famílias.

Capítulo II: O matrimônio cristão

De modo muito simples, vai ao essencial, afirmando que o Senhor tem um plano para a família, expresso em sua revelação e concretizado no Sacramento do Matrimônio. Assim, os autores colocam a questão em seu verdadeiro ponto de partida: é preciso escutar, antes de tudo, o que o Senhor tem a dizer sobre a família! E essa palavra somente será compreendida tendo-se em conta o mistério central cristão: o Senhor morto e ressuscitado, que nos chama a participar de seu mistério pascal. Daqui se compreendem o Sacramento do Matrimônio e o sonho de Deus no cotidiano e nas lutas da vida de cada dia.

Capítulo III: Os protagonistas

Este capítulo é um eco muito fiel à Exortação *Amoris Laetitia*, pois mostra a família como protagonista, enquanto se constrói, e, ao mesmo tempo, humaniza seus membros. A família é uma comunidade de protagonistas, de sujeitos em seu próprio interior, comunidade de corresponsáveis; não é uma realidade fechada em si mesma, mas aberta à sociedade circundante, ao mundo. Uma família que forma protagonistas em seu interior é luz e fermento para o mundo no qual se encontra.

Capítulo IV: A maravilha do diálogo

De modo muito oportuno, toca-se no ponto que é uma das vigas mestras da sadia vida familiar: o diálogo! E fá-lo de modo muito feliz, pois, além de dar pistas muito válidas para que a vida familiar seja uma experiência dialogal, articula o diálogo entre os membros da família e entre a família e Deus, fonte de todo verdadeiro diálogo. Assim, toca-se na experiência familiar da oração...

Capítulo V: A excelência do Amor

Passando pelo diálogo, chega-se ao amor... Sem concessões ao sentimentalismo, em rápidas e concretas pinceladas, apresentam-se as exigências e belezas do amor, que é construção de cada membro da comunidade familiar e, simultaneamente, dom de Deus!

Capítulo VI: As carências da família

Neste livro, sonha-se o sonho de Deus para a família, sem se afastar da realidade. Assim, como já fizera o papa Francisco na *Amoris Laetitia*, pensa-se na família com seus desafios, encontros, desencontros e limites... De modo realista, bem consciente dos desafios, mas sem derrotismo algum, este capítulo apresenta alguns perigos presentes atualmente na vida familiar, denuncia alguns mitos e propõe alguns caminhos bem concretos e práticos.

Capítulo VII: A importância da evangelização

A partir deste capítulo, os autores se debruçam totalmente sobre o tremendo desafio da evangelização das famílias, da evangelização nas famílias e das famílias que devem ser evangelizadoras. Inicia-se com algumas considerações gerais sobre a evangelização, para, depois, olhar a família como comunidade em que se vive o Evangelho e que evangeliza, como parte da comunidade mais ampla, chamada Igreja.

Capítulo VIII: Os desafios da evangelização

Sempre mantendo unidas as realidades família e Igreja, apresentam-se os desafios tremendos do mundo atual seja para a comunidade familiar, seja para a comunidade eclesial. Termina-se convidando as famílias a participarem, a não serem passivos espectadores na obra essencial de evangelizar, como que em um extravasamento de uma vida, de uma experiência vivida nuclearmente, já na vida familiar!

Capítulo IX: O caminho da evangelização

Entrando em questões mais práticas e organizacionais da ação evangelizadora, aqui se recorda que o anúncio do Evangelho está no centro da vida de Igreja e se enfatiza a necessidade de enfrentar a tarefa de articular a ação evangelizadora de modo a responder aos desafios atuais.

Capítulo X: Uma nova evangelização

Neste capítulo se coloca que, embora ocorram situações complexas na ação pastoral, não se duvida de que uma nova evangelização se mostra imprescindível devido às várias mudanças no horizonte das comunidades eclesial e familiar. Ainda, acrescenta-se que a nova evangelização está relacionada somente com a dinâmica. Sua realidade essencial consiste na busca de meios adaptados aos caminhos da evangelização e nunca em qualquer alteração de seu conteúdo...

Capítulo XI: A hierarquia e a nova evangelização

Partindo de São João Paulo II, que lançou a ideia de uma nova evangelização, procura-se, resumidamente, mostrar o que o Magistério tem dito sobre esse tema, sobretudo no tocante à realidade familiar. Apontam-se também as sombras que ameaçam a vivência efetiva do Evangelho no âmbito da família.

Capítulo XII: A família e a nova evangelização

Constata, neste tópico, a necessidade de envolver as famílias no processo evangelizador. Que seus membros sejam verdadeiros protagonistas da vida segundo o Evangelho, comprometendo-se com os critérios segundo Cristo. Eis o caminho para curar as doenças que afligem a vida familiar de nosso tempo de tanta superficialidade!

Capítulo XIII: Instrumentos para uma nova evangelização

Neste capítulo, os autores apresentam várias possibilidades e vários âmbitos da ação evangelizadora da Igreja, que, em sua articulação pastoral, podem ajudar na evangelização da família, tornando-a, por meio de seus vários membros, verdadeira comunidade de protagonistas da vivência do Evangelho.

Capítulo XIV: Uma efetiva dinâmica

A opção existencial por Cristo na Igreja – eis o objetivo e o núcleo de uma ação pastoral realmente efetiva e eficaz! Sempre tendo como horizonte a realidade familiar, de modo bem prático, este capítulo apresenta alguns elementos sem os quais a Igreja não conseguirá ter uma ação evangelizadora realmente efetiva.

Capítulo XV: A organização pastoral

Neste capítulo conclusivo, são apresentados alguns aspectos de uma ação pastoral pensada e vivida em uma Igreja que se compreende como comunhão, sustentada pelo Espírito Santo do Cristo. Em uma ação evangelizadora assim, tudo é vivido como serviço, em uma Comunidade eclesial, que valoriza a unidade, a diversidade e a solidariedade.

O que posso mais dizer? Que meus amigos autores, com senso prático, experiência e profundo espírito de fé em Cristo e adesão a sua Igreja, procuram tratar da realidade e dos desafios da família tendo em vista sempre três horizontes, que se encontram e mutuamente se interpenetram: a família no plano de Deus, a família na comunidade mais ampla, chamada Igreja, e a família na sociedade do mundo atual, com todas as possibilidades e todos os enormes problemas.

No âmbito desses três horizontes, eles procuram pensar o desafio da família cristã em viver o Evangelho como comunidade de protagonistas, sendo ela mesma protagonista na obra eclesial de evangelizar o mundo.

O que eles escrevem aqui é fruto da própria vivência e do compromisso que tiveram como família cristã, que sempre procurou estar inserida na vida eclesial e no mundo. Por isso tem também um caráter de testemunho de um casal de leigos engajados na vida eclesial.

Portanto, vida familiar, desígnio de Deus para a família, desafios da vida familiar no mundo atual, evangelização, nova evangelização e realidade da família, elementos e desafios para uma ação evangelizadora realmente eficaz na realidade da família, são essas as ideias e esse o percurso que o João Bosco e a Fátima nos convidam a abraçar nesta obra.

E há nela uma coisa que muito me agrada: a visão de leigos; não de clérigos, teólogos ou "especialistas"! Queira Deus que cada vez mais os leigos participem e falem das coisas da vida da Igreja!

Pois bem: que a leitura seja frutuosa para tantos leigos engajados na missão evangelizadora da Igreja!

Aos autores e leitores minha afetuosa bênção em Cristo.

Palmares, 18 de fevereiro de 2018
1º Domingo da Quaresma

† Henrique Soares da Costa
Bispo de Palmares, PE

Introdução

"Os carismas devem ser recebidos com gratidão (...) Com efeito, eles são uma especial riqueza de graça para a santidade de todo o Corpo de Cristo."
(Christifideles Laici, 24, 2001)

O Concílio Vaticano II veio ressaltar dois aspectos importantes: a valoração do depósito da fé e, de outro lado, a efetiva orientação para apresentar aos homens a verdade do Senhor de tal maneira que eles possam soletrar o alfabeto do mundo como um discurso sobre Deus.

A doutrina católica, pois, não somente vem colocar as verdades reveladas à luz da fé, como também as práticas concretas que gerem vida e ação, mostrando, de modo simultâneo, o "falar" e o "agir" de Jesus. Desse mesmo modo, a missão do Magistério em relação à Família: além da definição de seus valores, a sábia preocupação com os métodos efetivos para as questões da vida cristã do dia a dia.

O Concílio referido posicionou, de maneira admirável, o lugar da família ao afirmar que ela exerce uma função primordial e insubstituível na existência, no crescimento e na formação do ser humano e da sociedade.

São João Paulo II sempre insistiu em reconhecer, defender e anunciar os valores do matrimônio e da família, em que o calor humano adquire um vigor sobrenatural, capacitando os membros a participarem do amor redentor de Cristo e se tornarem uma parcela atuante da santidade da Igreja (cf. Familiaris Consortio, 1981, 3).

A família, assim, é o ambiente em que o homem é amado por si mesmo e aprende a viver o dom sincero de si: é uma escola de diálogo e amor, em que se promoverá constantemente uma comunhão estável entre o homem, a mulher, os filhos e as demais pessoas componentes do lar.

Se não existirem o diálogo, o amor e a generosidade entre eles, haverá gravíssimas consequências: para os adultos, solidão; para os filhos, desamparo; para todos, um território sem vida.

A família, ademais, vem sendo colocada em alerta pelas rápidas transformações da sociedade e de sua cultura. Muitos de seus membros ainda vivem na fidelidade a seus valores, porém tantos outros se tornaram perdidos, incertos ou esquecidos de seu significado.

Como lembra o papa Francisco, as intervenções magisteriais devem oferecer a coragem, o estímulo e a ajuda às famílias em sua doação e suas dificuldades (cf. Amoris Laetitia, 2016, 4).

Além disso, ele vem acentuar que as famílias devem despertar para caminhos pastorais que levem a uma sólida e fecunda construção. Ainda insiste: "Não são um problema, são, sobretudo, uma oportunidade" (Discurso no Encontro com as Famílias, Santiago de Cuba, L'Osservatore Romano, 2015, p. 14).

Pela caminhada na fé, no amor e na disponibilidade, toda família cristã deve participar, em comunhão com a Igreja, da experiência de peregrinação para a plena realização no Reino de Deus. E isso se coloca tanto às famílias ideais, sacramentadas, como para as famílias possíveis, de 2ª união:

> A solicitude pastoral da Igreja não se limitará somente às famílias cristãs mais próximas, mas, alargando os próprios horizontes à medida do coração de Cristo, mostrar-se-á ainda mais viva para o conjunto de famílias em geral e para aquelas, em particular, que se encontram em situações difíceis; a todas oferecerá ajuda desinteressada a fim de que possam aproximar-se do modelo de família que o Criador quis desde o início e que Cristo renovou com a graça redentora. (Familiaris Consortio, 65)

Todas as famílias, assim, não são fechadas em si mesmas. Elas adquirem seu sentido quando se transformam em testemunhas, provocando a plena admiração, a conversão de atitudes e o anúncio da Boa-Nova em seus lares.

Esse objetivo só será alcançado por meio de uma busca incessante da formação de protagonistas nesses ambientes familiares.

O que se entende por protagonistas?

São as personagens principais em uma determinada realidade, as pessoas que desempenham ou ocupam o primeiro lugar em um acontecimento (cf. Dicionário Aurélio, 2010, p. 1.724).

A Igreja guarda como depósito precioso os ensinamentos do Senhor sobre a família, com a missão de comunicá-los a seus membros, conferindo-lhes um mandato e os consolidando nas atuações como protagonistas.

Entretanto, não haverá família nova se não vicejar em seus membros uma mudança interior que leve a uma consciência pessoal e coletiva, a uma esclarecida atividade e aos meios concretos que lhes são próprios (cf. Evangelii Nuntiandi, 2001, 18).

Ao contrário do que acontece em uma novela ou em uma realidade social, não podem existir atuações secundárias em uma família: todos os membros necessitam se tornar protagonistas, sendo cada um (pais, filhos, netos e agregados) importante e necessário para a formação do lar.

Um esclarecimento se faz necessário neste momento: os futuros leitores poderiam perguntar o porquê de aparentes "repetições" de assuntos ou de outras circunstâncias nesta obra. A resposta é simples: essas "repetições" têm um significado dirigido a uma apreensão mais eficaz do trabalho. Há nelas o propósito de copiar os ensinamentos do Mestre que parecem se "repetir" na história da salvação, mas que têm a finalidade da construção de um sólido alicerce para a vida cristã.

Confiantes nas luzes do Espírito Santo, esperamos, como seus humildes instrumentos, a oportunidade de se fazerem chegar aos protagonistas na família algumas perspectivas a suas interrogações e a coragem cristã para uma vivência plena e solidária:

"Impelidos pelo Espírito Santo,
os homens falaram como porta-vozes de Deus".
(2Pd 1,21)

Jundiaí, 21 de setembro de 2017
Festa de São Mateus Evangelista

João Bosco Oliveira
Aparecida de Fátima Fonseca Oliveira
Casal Assessor Leigo Diocesano

1
A importância da família

A Igreja sempre colocou a família como uma de suas maiores instituições e como um dos bens mais preciosos da humanidade. Cada uma tem uma natureza e uma missão especiais, pois é uma referência concreta de todas as tentativas de evangelização no mundo.

Ela é, pois, "a primeira e insubstituível escola da sociabilidade e de humanização. Nela é feita a primeira experiência de Igreja" (CNBB, doc. 65, p. 16).

A 4ª Conferência do CELAM, realizada em São Domingos, em 1992, destacava a família, denominando-a "Santuário da Vida".

A importância da família nos planos de Deus aparece desde os primeiros livros das Escrituras. Seu gesto criador se refere ao homem e à mulher e, consequentemente, à família, demonstrando sua situação como verdadeira partilha, crescimento mútuo e geração de vida:

> "A família cristã é, deste modo, animada e guiada pela nova lei do Espírito e em íntima comunhão com os Irmãos".
> (Familiaris Consortio, 63)

Ela, pois, deve viver o ideal pleno do matrimônio cristão, que se manifesta mediante um triplo conteúdo: a unidade, a fidelidade e a indissolubilidade do casal e da própria instituição familiar:

> "O futuro da humanidade passa pela família".
> (Familiaris Consortio, Conclusão)

O espaço de uma família pode se transformar em uma "Igreja Doméstica", um local da presença de Cristo. Como mostra o papa Francisco, é inesquecível a cena descrita no livro Apocalipse: "Eis que estou à porta e bato; se alguém ouvir minha voz e abrir a porta, eu entrarei em sua casa e tomaremos a refeição, eu com ele e ele comigo" (Ap 3,20) (cf. Amoris Laetitia, 15).

O próprio Cristo quis nascer de forma humilde, em uma família simples, cercada de luta e trabalho. Poderia ter escolhido outra forma de vir ao mundo, como príncipe, rei opulento – é importante ressaltar que, apesar de não ter vindo como rei, o rei Herodes temeu que o menino anunciado pelos Reis Magos tivesse vindo para reclamar e ocupar seu trono. Mas quis participar das ocupações do dia a dia, das qualidades de uma vivência compartilhada em termos de carinho, atenção e amor.

Assim, Jesus veio como um companheiro de viagem de uma família consolidada nos afazeres domésticos e nas obrigações humanas e espirituais, forjando pessoas dedicadas não somente para si como também para todos os participantes.

Ela se constituiu em uma comunidade completa que preparou as futuras para serem o sinal de sustento de um lar, de sua estabilidade e fecundidade, realçando o papel do homem como um exemplo, a tarefa da mulher como disponibilidade e a presença do filho como um real coparticipante.

A Família de Nazaré é o exemplo para todas as famílias cristãs. Ela não deixará de ajudar as famílias em seus deveres, no suporte uns aos outros quanto às tribulações e às necessidades, na feliz abertura dos corações, no carinho e diálogo, no valoroso cumprimento do plano de Deus.

Os futuros protagonistas necessitam ser formados para que se empenhem verdadeiramente na promoção dos valores familiares, com uma adequada preparação para sua efetiva dedicação às realidades das famílias de nosso tempo. Afinal, significa criar neles um fortalecido ânimo cristão, sem medo, sem hesitações, com toda confiança, com renovada esperança e com um empenho efetivo:

> Amar a família significa descobrir os perigos e os males que a ameaçam, para poder superá-los. Amar a família significa empenhar-se em criar ambiente favorável a seu desenvolvimento. E, por fim, é dar-lhe novamente razões de confiança em si mesma e nas riquezas que lhe advêm da natureza e da graça e na missão que Deus lhe confiou.
> (Familiaris Consortio, Conclusão)

A Igreja providenciará o reto caminho pelo qual a família possa chegar ao coração da verdade, à sábia aprendizagem na escola de Cristo e à interpretação de sua história à luz do Espírito.

O Magistério efetua contínuas avaliações de suas ações e sua doutrina, mas também se norteará para os processos de formação dos protagonistas da família, a fim de que adquiram a luz e o discernimento para uma convivência realizadora.

Todas essas realidades exigem uma assistência especial à família para que ela se torne uma "civilização do amor", revitalizando essa missão que dará sentido a sua existência.

Assim, haverá necessidade de uma formação adequada de agentes específicos, dos protagonistas: esse é o humilde propósito deste trabalho que se esforçará em tentar a experimentação de caminhos pastorais que não excluam ninguém e a criação de ambiente propício ao desenvolvimento familiar.

No seguimento de Cristo, feito pelos membros da família, deve residir a grande realização das pastorais, dos movimentos ou das associações da Igreja que para tanto se direcionam, como um esplêndido serviço para favorecer a integral promoção da família e se atingir, assim, o famoso apelo expresso na conclusão da Exortação Apostólica "Familiaris Consortio":

"É necessário que as famílias de nosso tempo tomem novamente altura".

2
O matrimônio cristão

a) Os sacramentos da fé

Para uma devida compreensão sobre a família torna-se necessário um maior entendimento sobre o Sacramento do Matrimônio, um realce de seus valores e de sua natureza, pois, como anteriormente já afirmado, a comunidade familiar deve viver o ideal pleno do matrimônio cristão. Todavia, para seu entendimento mais correto, é de maior interesse registrar as noções gerais a respeito dos sacramentos, que não se sujeitam ao controle do homem, mas sim ao domínio de Deus, dirigido à realização da História da Salvação: não são, pois, maravilhas do ser humano, mas "Maravilhas de Deus".

Aprendemos, assim, que somente nos colocamos como cristãos se acreditamos na realidade dessas intervenções de Deus e consideramos que os sacramentos não pertencem somente ao passado, mas sim permanecem em toda a sua integridade.

Constatamos, assim, que eles são maravilhas divinas em sua fase atual e que seu sobrenatural só será alcançado por um efetivo olhar de fé: por isso são chamados "Sacramentos da Fé"!

Eles se tornaram os sinais da fé na Igreja. Seu fundamento reside na certeza de que o Ressuscitado está vivo à direita do Pai para operar, de forma infalível, essas ações admiráveis, que complementam a obra da redenção "uma vez por todas".

Os sacramentos são, pois, expressões da livre iniciativa de Deus e se cumprem na fé da Igreja. Eles são sinais sensíveis da Graça invisível do Senhor, e, para serem fecundos e produzirem seus efeitos, devem ser recebidos tendo em vista uma concreta transformação na vida.

É uma lição plena para todos nós! A família não poderá chegar aos sacramentos sem a crença em seus divinos efeitos e a responsabilidade de uma resposta vital em suas ações.

Desse modo, fica manifesto que os sacramentos supõem a fé em sua recepção e uma ação concreta do receptor quanto a seus efeitos, trazendo, nessa ocasião, uma estupefação e festa interior, que nunca poderão ser confundidas com sentimentalismos, superstições ou falsas crenças.

Eles se constituem no fundamento da ação da família, em sua plena conformidade com a graça recebida e com a mensagem do Evangelho, constituindo os "gestos" atuais de Cristo na Igreja e a introduzindo na participação da Vida Trinitária e da Comunidade Eclesial:

"O Senhor guia por bons caminhos
por causa de Seu Nome!"
(Sl 23 [22],3)

b) O matrimônio e o mistério

Essencial, agora, a reflexão sobre o matrimônio.

Os sacramentos têm como sua base o mistério pascal de Cristo e o dom do Espírito Santo para a santificação de uma determinada situação humana. O matrimônio apresenta o amor entre o homem e a mulher, que é transformado em sacramento, em um sinal de salvação, em um convite à participação no Reino de Deus.

Ao longo da história bíblica, há uma relação estreita entre aliança e matrimônio. A experiência da aliança leva a família à percepção cada vez mais elevada desse mistério.

Essa evidência leva-nos a considerar vários aspectos da aliança: o amor, a unidade, a fidelidade e a indissolubilidade.

Desde o gesto inicial (cf. Gn 1,27), Deus criou o homem a sua imagem, homem e mulher os criou. Assim, a família foi constituída em uma semelhança divina. Assim, a condição do matrimônio como partilha, compromisso mútuo e geração de vida futura ecoa por toda a Bíblia (cf. Tb 8,6).

Para a família essa nova relação deve se situar nos dois planos, espiritual e humano, pois Cristo a insere no mistério da aliança com a Igreja: ela é assim colocada em uma condição de vida realizada pelo Senhor.

Essa aliança se constitui em um dom, um estado vivencial, uma missão de evangelização, de santificação e de formação de uma comunidade de fé, profética, sacerdotal e real.

Esse é o Mistério do Sacramento do Matrimônio: a família é chamada a agir no mundo como "sal", "luz", "fermento" e "semente"!

A vocação para o matrimônio está inscrita na própria natureza do homem e da mulher. A família, de outro lado, não é uma instituição simplesmente humana. A dignidade da instituição ressoa com inteira clareza nas Escrituras.

Precisa-se registrar, ainda, que as mudanças sociais e as culturas de nosso tempo, apesar das dificuldades delas advindas, costumam manifestar, muitas vezes e de várias maneiras, a verdadeira índole do matrimônio e da família:

"A salvação da pessoa e da sociedade humana está estreitamente ligada ao bem-estar da comunidade conjugal e familiar". (Gaudium et Spes, doc., 47)

Compreendendo esses sinais do Reino de Deus, a família tem o dever de se encaminhar ao anúncio do valor perene desse Sacramento e à imitação do ideal pleno do matrimônio cristão:

"É um sinal das núpcias entre Cristo e a Igreja, um evento de graça e salvação, um Mistério do Reino de Deus!"
(Ef 5,23.32)

3
Os protagonistas

a) O casal cristão

O casal cristão, pelo fato de ser o início de uma família, deve constituir-se em seu primeiro protagonista. Ele necessita sentir o desafio de descobrir e transmitir a "mística" de sua vivência, de se encontrar, dar os braços, como uma verdadeira experiência de fraternidade, participando de uma caravana solidária e de uma peregrinação sagrada.

Vários de seus membros costumam se fechar em uma privacidade que lhes dá conforto ou autoridade, buscando um Cristo puramente espiritual, sem carne nem cruz, preferindo as relações somente superficiais:

> Entretanto, o Evangelho convida os casais a abraçarem sempre o risco do encontro com o rosto do outro, com sua presença física que interpela, com seus sofrimentos e suas reinvindicações, com sua alegria contagiosa permanecendo lado a lado. (Evangelii Gaudium, 2014, 88)

Assim, sempre é importante o casal mostrar que a solução nunca pode se resumir a um desvio de uma relação pessoal comprometida com Deus e, ao mesmo tempo, com os demais membros da família, em uma mera tentativa de escapar de uma tarefa inglória para outra, sem ter quaisquer vínculos:

> Melhor ainda, trata-se de descobrir Jesus no rosto dos outros, em sua voz, em suas reivindicações; e aprender também a sofrer, em um abraço, com Jesus crucificado, quando recebermos agressões injustas ou ingratidões, sem nos cansarmos jamais de optar pela fraternidade. (Evangelii Gaudium, 2014, 91)

Não pode o casal, desse modo, esconder-se nas enganosas aparências de religiosidade ou nas "amostras" de amor à Igreja, buscando a glória humana e seu bem-estar em vez da glória do Senhor:

"Como vos é possível acreditar,
se andais à procura da glória uns dos outros
e não procurais a glória que vem do Deus único?"
(Jo 5,44)

Só o que constrói o casal são suas decisões, compreendendo que é chamado a se transformar, com alegria, em testemunhas e discípulos de Jesus e da Igreja. São Pedro evocava o espírito de uma vida pura e respeitável, "para que, se alguns não obedecerem à Palavra, venham a ser conquistados, sem palavras, pelo procedimento" (1Pd 3,1).

O encontro com Cristo e seu Evangelho deve ser para o casal uma resposta de vida, que preenche de alegria e de esperança seu matrimônio. Não se deve procurar a obtenção de um resultado rápido, cabendo ao casal uma denodada semeadura com alegria e perseverança, pois o trabalho será feito por Deus.

Deveria o casal ser testemunha do amor que regerá sua vida. Na doação, esta se fortalece e enfraquece no comodismo ou no isolamento. Os que mais desejam viver uma vida plena são os que se apaixonam em comunicá-la aos demais:

> "A vida se alcança e amadurece à medida que é entregue para dar vida aos outros".
> (Evangelii Gaudium, 10)

Para tanto, o homem e a mulher necessitam da ajuda da graça que Deus, em sua misericórdia, jamais lhes recusou (cf. Gn 3,21-22). Sem essa ajuda, o casal nunca poderá atingir a perfeição para a qual foi criado. A Tradição cristã sempre percebeu no Cântico dos Cânticos uma real expressão do amor humano:

> "As águas jamais poderão apagar o amor nem os rios afogá-lo".
> (Ct 8,7)

O sacramento do matrimônio, que é, assim, um elemento essencial da construção da Igreja, da família e da sociedade, tem como fundamento a presença ativa de Cristo. Essa atitude ajuda o casal no desabrochar de si mesmo, conduzindo-o a uma realização do corpo, do espírito e do coração, permitindo a presença de Deus na vida diária. Isso significa o empenho da construção da "Espiritualidade Conjugal":

"Eu mesmo dei a eles a glória que tu me deste, para que eles sejam um, como nós somos um".
(Jo 17,22)

Cristo sempre permitirá ao casal, pelo protagonismo na família, levantar a cabeça e, em caso da ocorrência de circunstâncias duras, aprender com elas ou recomeçar com uma ternura que nunca vai fazer perder a esperança e que reconstituirá a alegria na vida familiar:

"Adapta-se e transforma-se, mas sempre permanece pelo menos como um feixe de luz que nasce da certeza pessoal de sermos infinitamente amados".
(Evangelii Gaudium, 6)

b) Os filhos e os demais membros da família

Os filhos devem também ser protagonistas essenciais na família. Constituem-se em pessoas importantes em seu desenvolvimento como elementos enviados por Deus para um pleno apoio aos pais. Eles se tornam capazes de serem instrumentos do Senhor, como devem ser os pais, iluminados pelo Espírito Santo.

Na realidade, muitos casais desconhecem o valor de seus filhos, sua capacidade de uma real contribuição, seu dom de auxiliar na difícil tarefa de uma adequada evangelização familiar.

Maria e José sabiam quem era aquele menino que fazia parte de seu lar; a exemplo de Jesus, todo filho deve ser especial a seus pais.

E eram amáveis uns com os outros, mesmo quando aparentemente chamavam delicadamente a atenção entre si: "Filho, por que fizeste assim conosco"? Ao que Ele respondeu: "Não sabiam que eu devo estar na casa do meu Pai"? (Lc 2,47-48). E acrescenta ainda o apóstolo:

> "Jesus desceu então com seus pais para Nazaré e permaneceu obediente a eles. E sua mãe conservava no coração todas as coisas. E Jesus crescia em sabedoria, em estatura e graça diante de Deus e dos homens".
> (Lc 2,31-32)

Esse quadro pintado por Lucas deveria espelhar o comportamento de toda a família: pais que sabiam o modo de indagar o filho, que sabiam da natureza de sua missão, e filho que respeitava os pais, prestando-lhes obediência, ciente de sua jornada, crescendo, como eles, em sabedoria, estatura e graça.

Os pais de hoje têm uma idêntica atitude, tanto humana como espiritualmente? São instrumentos de Deus na devida formação e no desenvolvimento dos filhos? Os filhos vivem o respeito aos pais? E os demais membros? Esforçam-se em atitudes de compreensão e desvelo procurando o crescimento físico e espiritual de seus entes "queridos"? Contribuem para se tornarem, da mesma maneira que o casal, verdadeiros protagonistas no seio do lar? Ou se contentam simplesmente com os papéis secundários?

Os pais geram os filhos e acolhem os demais familiares. Muitos deles compartilham muitas noites de vigília e gastam o melhor de suas energias para o auxílio nesses cuidados.

Inúmeros filhos esfriam seu relacionamento com os pais, na medida em que adquirem uma profissão rendosa ou se tornam "famosos". Às vezes os suprem com bens materiais, mas negam o mais importante: a presença e o afeto. Infelizmente, quando perdem o pai ou a mãe, muitos, depois, perguntam: "Por que não lhes dei mais valor?"

A recíproca também é verdadeira. Muitos pais que costumam tratar os filhos ou os agregados, notadamente seus ascendentes, como personagens secundários e, muitas vezes, como "aborrecentes" ou fracos, também, depois da ocorrência de um falecimento de parte de um deles, repetem as mesmas palavras.

Seria muito importante se esses fatos levassem os pais, os filhos e os agregados a fazerem disso uma oportunidade, embora atrasada no tempo, de revisão em sua vida, modificando seu modo de ser e agir.

Seria, assim, esse desempenho o instante perfeito para uma justa retribuição ao memorial dos falecidos. Muito oportuno no tempo se os membros dessa família perscrutassem os sentimentos mais ocultos dos pais, dos filhos ou dos agregados para procurarem compreender suas atitudes ou inquietações. Os melhores protagonistas são aqueles que "gastam seu tempo" para divisá-las, penetrando no mundo de suas emoções, perquirindo, com toda suavidade e descortino, seus problemas e suas necessidades.

Ainda, todos deveriam se debruçar sobre seus entes queridos para perceberem o mundo a ser descoberto dentro de cada um. Todos necessitariam ser os "garimpeiros" dessas almas para se fazerem aflorar as potencialidades ainda invisíveis.

Os membros da família precisam aprender a se descobrirem uns aos outros, pois poderá haver muitas surpresas em seu interior.

Cristo era o mestre em diálogo e rompia todas as barreiras e distâncias. Os protagonistas também poderiam localizar no mar da família, por meio do diálogo e do amor, as pedras preciosas existentes:

> "O reino dos céus também é como um comprador que procura pedras preciosas. Quando encontra uma pérola de alto valor, ele vai, vende todos os seus bens e compra aquela pérola".
> (Mt 13,45-46)

c) A comunidade

Deus é o parceiro invisível que leva o matrimônio à plenitude do amor. A vida dessa comunhão de amor frequentemente é descrita como a edificação de uma pequena Igreja, ou seja, "Igreja Doméstica".

O matrimônio tem, assim, uma dimensão comunitária, e o casal, a missão de construí-la. Essa dimensão deve se estender a toda a família, a todos os seus entes, que necessitam se transformar em protagonistas: todos são iguais e responsáveis por essa atuação, não podendo existir elementos secundários.

O Código de Direito Canônico é bem expressivo:

> A aliança matrimonial, pela qual o homem e a mulher constituem entre si uma comunhão da vida toda, é ordenada por sua índole natural ao bem-estar dos cônjuges, à geração e educação da prole e foi elevada à dignidade de sacramento. (Código de Direito Canônico, cânones 1.055-1.057)

A comunhão trinitária ilumina o sentido da história e da realidade. Nessa luz, toda a criação, notadamente a família, é chamada a uma concreta comunhão. A Igreja aponta à família o caminho de Cristo como aquele que leva à realização da paz e da unidade por que seus membros anseiam.

Toda comunidade eclesial e, consequentemente, a família devem se esforçar por se constituir em um exemplo de convivência, liberdade e solidariedade, o qual crie uma sólida coparticipação e comunhão em Jesus Cristo.

O desígnio de Deus de levar os homens à participação na comunhão divina ainda vem colocar uma meta à família: sua missão serviçal quanto a essa grande responsabilidade.

Seus protagonistas deverão se empenhar nessa sublime tarefa no seio da família, para se tornarem, com a graça de Deus e da Igreja, seus instrumentos para todos os ambientes.

Assim, a plena vivência da comunidade na família deve ser levada a toda a sociedade, para que seu exemplo e seu testemunho sejam "luz" e "sal" em um mundo tão confuso quanto à missão da família:

"A comunhão é a origem da missão. A comunidade é igualmente seu termo, seu objetivo. Mas também são, de algum modo, o próprio caminho e a condição da missão".
(CNBB, Doc. 40, 50)

4
A maravilha do diálogo

a) A arte do diálogo

Como já afirmado, os futuros protagonistas na família deveriam se debruçar sobre seus entes queridos para irem percebendo o mundo a ser descoberto dentro de cada um.

Todos, assim, necessitariam ser "os garimpeiros" dessas almas para fazerem emergir, dos cascalhos imersos nas águas da vida familiar, as maravilhas invisíveis: haveria, de fato, inúmeras surpresas.

Eles, no mesmo agir de Cristo, precisariam romper as barreiras e as distâncias, descobrindo, no mar da família, as pedras preciosas, por meio do diálogo e do amor: essas grandes expressões de comunidade deveriam nortear sua vida (cf. Mt 13,45-46).

O aprendizado para o conhecimento do amor, de seus caminhos e de sua vivência se alicerça na descoberta do significado e da importância do diálogo: "a via do Amor se perfaz na estrada do Diálogo"!

O Senhor convoca a família para uma convivência efetiva entre os casais e os demais participantes. Ele estará presente, acompanhando-os e oferecendo o direcionamento para as veredas desse caminho.

Dialogar não significa uma discussão ou uma argumentação para convencer, um monólogo egoísta, uma tentativa de "se fazer a cabeça do outro" e de "impor ideias": mas sim uma reciprocidade, um conhecer e um dar-se a conhecer.

Por isso sempre é necessário o equilíbrio emocional, a percepção e o respeito do outro: o diálogo sempre supõe a maturidade, a ponderação e o discernimento.

Ainda, essas buscas mostram a necessidade concreta da abertura do coração, da receptividade aos fatos e às ponderações, da humildade na aceitação das deficiências.

O diálogo não pode ser estático. É um processo, havendo de se direcionar para uma adaptação às circunstâncias da vida. Nunca existirá uma união duradoura entre pessoas que nunca sabem mudar suas posições: cada situação apresentará uma novidade surpreendente que conduzirá certamente a um mútuo esclarecimento.

Muitas vezes, a comunicação verbal pode não ser a mais adequada para uma profunda compreensão no lar. Exige, muitas vezes, a criatividade para se descobrirem outras formas não verbais para a conversação: os gestos, as atitudes, a sensibilidade, o carinho, que levam a um diálogo "sem palavras"!

A caminhada deve ser nele firmada, e, em uma feliz decorrência, os familiares aumentarão suas possibilidades de um concreto encontro e tocarão no transcendental.

O comum esforço, a estreita colaboração, a delicadeza do convívio produzem o diálogo: e o Senhor estará sempre acompanhando os membros dessa família, embalando-os, dando-lhes a força vital e os conduzindo para uma vida de Amor:

"Veja: estou colocando minhas palavras em sua boca!"
(Jr 1,9)

b) O ouvir compreensivo

Um dos maiores problemas de qualquer comunicação humana, assim como do diálogo, reside no modo como o receptor, isto é, o que está escutando, ouve o que a outra pessoa fala.

Para que possa ocorrer um diálogo, o receptor deve procurar escutar com atenção seu interlocutor. O ouvir compreensivo propiciará de maneira concreta uma comunicação e fará com que o outro se sinta verdadeiramente acolhido.

O mau receptor geralmente ouve o que gostaria, o que achava saber sobre o outro, costumando retirar da fala dele somente as partes agradáveis e, nunca, aquelas que o molestariam. Enfim, nunca costuma ouvir, ou, então, transforma a comunicação recebida em uma cômoda concordância ou em uma amarga discordância com seus pensamentos, procurando, assim, só o que vem se somar com suas ideias e seus pontos de vista.

Assim, é difícil haver realmente uma conversa, uma comunicação, um diálogo, pois consistiriam, sobretudo, em meros monólogos, levando simplesmente a uma comunicação vazia e inoportuna, sem jamais existir uma reciprocidade.

Um ouvir compreensivo sempre implicará uma comum disposição. Dificilmente as pessoas que se julgam mais inteligentes ouvem realmente. O hábito de pensar em si mesmo, de apenas julgar, fará com que apareça sempre um ruído estranho impedindo a recepção eficaz da fala do outro.

Além disso, muitos outros elementos podem perturbar seu ato de ouvir. Um deles seria o mecanismo de manutenção ou de defesa dos pensamentos, parecendo cavaleiros da Idade Média, usando suas lanças para atacar os posicionamentos dos outros e, seus escudos, para impedir a descoberta de suas carências.

Eles têm necessidade de "não ouvir" porque assim se livram de uma possível mudança em suas convicções, da aceitação de realidades diferentes, de ponderações estranhas a sua visão.

Ouvir, assim, é um desafio a uma abertura interior, ao impulso na direção do próximo, à ponderação sobre suas colocações: assim, a oitiva compreensiva se constituirá em uma proeza e em um agir com autêntica sabedoria.

É inegável a prática desse instrumento para a existência de um diálogo eficaz, sem o que nunca acontecerão protagonistas na família:

"O inteligente adquire saber e o ouvido sensato deseja aprender".
(Pr 18,15)

c) O diálogo com Deus

A oração é verdadeiramente um diálogo que se expressa como "um falar com o Senhor".

Os componentes da família podem se realizar com essa prática, que é um fundamento do amor, e, assim, mais se sentirão integrados como protagonistas no seio do lar.

O Senhor é o maior receptor no diálogo. Desse modo estará presente no ser humano mais do que este em si próprio. Ele forma não só seu corpo, mas também seu interior e sua história pessoal:

> "Javé, tu me sondas e me conheces".
> "Tu conheces meu sentar e meu levantar,
> de longe penetras meu pensamento."
> (Sl 139 [138],1-2)

Se Deus ensina primeiramente a arte do diálogo, sendo nosso maior mestre, por que não copiamos seu exemplo, procurando sua prática na família e propiciando o crescimento comum?

Mas, além do falar, há necessidade de se perscrutarem os planos, os desígnios, o tempo e a graça de Deus por meio de sua manifestação em todos os fatos, nos eventos, no esplêndido sorriso dos irmãos e nas belas realidades de comunhão: o Senhor se colocará em seu meio e envolverá nos braços os integrantes da família (cf. Mt 18,19-20).

Os protagonistas começarão a ser família quando reconhecerem que não podem depender de si mesmos, mas sim de uma real abertura em relação a Deus e a seus entes queridos.

Ser protagonista significa o sincero reconhecimento de sua insuficiência, deixando que o Senhor, o outro no diálogo, guie seu caminho para o exemplo de sua recepção: assim se tornará coparticipante de Deus e da família.

Quando os protagonistas reservam somente para si o que possuem de mais profundo, querendo continuar a ser somente eles mesmos, de nenhuma maneira se formará uma família, pois não existirá um efetivo encontro entre os participantes.

Deve-se acrescentar que os sentimentos escondidos de propósito podem, inclusive, causar uma doença ou depressão. Assim, para uma benévola cura, também seriam necessários o desabafo, a confidência, a partilha do interior, dos segredos, das falhas: o diálogo com Deus e com os componentes da família se transformará em um poderoso e eficiente remédio.

Ainda, todos os familiares devem procurar ouvir o Espírito Santo, anunciado por Jesus Cristo e enviado pelo Pai, o Protagonista em toda a comunidade eclesial.

A exortação para a oitiva do Espírito é feita de uma maneira insistente na Igreja desde as sete cartas do Apóstolo São João no livro Apocalipse. Essa diligência tornará os protagonistas verdadeiramente capazes de perceberem qual a ação mais oportuna a ser realizada no seio da família:

"Quem tem ouvidos ouça o que o Espírito
diz às Igrejas".
(Ap 2,7.11.17.29 e 3,6.22)

5
A excelência do Amor

a) Uma visão do Amor

Passando pela estrada do Diálogo, chega-se "às vias do Amor".

Deus é Amor e sempre conduzirá os protagonistas da família, em todos os momentos de sua história, para o aprendizado e a consequente compreensão dessa sublime realidade.

A função da família e de seu projeto de vida se realiza no Amor, o que dará fundamento a uma expressiva existência.

A família precisaria caminhar para a redescoberta desse mistério e vivenciá-lo por meio de seus protagonistas. Somente assim eles poderiam atingir as montanhas da autoestima e, ao mesmo tempo, os vales da humildade, conforme o "Magnificat", apreendendo a maravilhosa exaltação do amor de Deus.

O Senhor evidenciou sua dedicação como guardião das famílias ao colocar as chamadas "Vestimentas do Amor": a bondade, a mansidão, a humildade, a paciência e a paz (cf. Cl 3,12-17).

Essa manifestação não poderá estacionar apenas na inteligência de seus membros, precisando descer até os corações para uma vivência sem medidas.

O Amor faz vencer o egoísmo e perceber a real intensidade das relações fraternas na família, que geram vida e a fazem desenvolver. Deus sempre perscruta os corações, é maior que nossa ciência e oferece o bálsamo para as fraquezas e o ressurgimento para os erros.

Toda a natureza nos fala dele: "o céu estrelado, o olhar da criança, o amor entre os familiares". Estes devem se tornar uma parábola viva da Comunidade Divina: casais vivendo juntos e oferecendo seus filhos como amores encarnados e também os demais componentes como sólidos instrumentos de uma vida participativa.

E passamos a compreender que todos, casais, filhos, netos, avôs, avós, agregados, devem ser complementos uns dos outros para construírem a família autêntica.

Ainda, o amor é a fonte de um comportamento que leva a discernir as situações e a criar gestos oportunos, capazes de respostas aos problemas e à vivência como humildes reflexos da Santíssima Trindade.

Igualmente, a espiritualidade familiar precisa ser construída no amor: significa trilhar um árduo e, ao mesmo tempo, pleno caminho para se chegar à finalidade desejada.

Essa realidade deveria se tornar uma meta dos protagonistas da família, partindo-se para uma existência a ser cultivada como uma flor, chegando, em uma ação conjunta, a um lindo jardim.

Desse modo, a atitude deles irá se endereçar para um sábio entendimento do amor de Deus, o que conduzirá a uma nova postura familiar.

Deus tem a visão de seu projeto de amor que se realiza, pouco a pouco, na família:

"Então compreendi que não existe para o homem nada melhor do que se alegrar e agir bem durante a vida".
(Ecl 3,12)

b) A vivência do Amor

O Apóstolo Paulo, por meio de um verdadeiro poema (cf. 1Cor 13), veio mostrar um caminho, que ultrapassa a todos os dons, para que os membros de uma família se tornem verdadeiros protagonistas:

"Ainda que eu tivesse o dom da profecia,
o conhecimento de todos os mistérios e de toda a ciência;
ainda que eu tivesse toda a fé,
a ponto de transportar montanhas,
se eu não tivesse o amor,
eu não seria nada".
(1Cor 13,2)

O centro do Evangelho é o mandamento do amor, que sintetiza toda a providência de Deus (cf. Mc 12,28-34), sendo a fonte de qualquer comportamento humano, pois leva as pessoas ao discernimento e à vivência das ações adequadas.

Os demais dons dependem, assim, do amor, não se podendo substituí-lo: sem ele nada significam. O amor é a força de Deus e também das pessoas a Ele aliadas, incluindo os membros de uma família.

Seus protagonistas precisam ultrapassar as concepções meramente humanas do amor para praticarem o mistério divino, pois senão darão às palavras somente um conteúdo afetivo (cf. Rt 3,10), não tratando os membros com ternura e compaixão (cf. Zc 7,9).

O papa Francisco afirma que nada é suficiente para exprimir o Evangelho do matrimônio e da família se não existir a "Vivência do Amor":

"Não poderemos encorajar um caminho
de fidelidade e doação recíproca,
se não estimularmos o crescimento, a consolidação
e o aprofundamento do amor conjugal e familiar".
(Amoris Laetitia, 89)

O venerável Pontífice, acentuando as palavras de Paulo na Carta mencionada, diz que se deve cultivar nos protagonistas da família a Paciência, o Serviço, a Amabilidade, o Desprendimento, o Pacifismo, o Perdão, a Alegria (cf. Amoris Laetitia, 92-110).

A paciência ensina que não se pode deixar levar pelos impulsos, pois ela se perfaz no exercício da misericórdia acolhedora. Não devem os protagonistas de uma família exigir que as pessoas componentes sejam perfeitas ou, então, aceitar que se coloquem como o centro das atenções para que somente suas vontades sejam atendidas.

O serviço indica que os membros da família não vivem somente de meros sentimentos, mas da humildade laboriosa e de uma predisposição para fazer o bem:

> "Revesti-vos de humildade no relacionamento mútuo, porque Deus resiste aos soberbos e dá sua graça aos humildes".
> (1Pd 5,5)

Quanto ao desprendimento e ao pacifismo, é importante que os protagonistas na família vivam o amor no trato com os familiares menos firmes nas convicções.

Em referência à amabilidade, não podem se tornar duros na atitude, usando de palavras e gestos suaves, fazendo com que todos alcancem um projeto comum apesar de suas diferenças. A pessoa amorosa incentiva, reconforta, fortalece, consola e estimula:

> "Feliz é quem não é acusado por sua consciência e quem não perdeu a esperança".
> (Eclo 14,2)

O perdão leva os diversos membros da família a uma generosa disponibilidade para a compreensão dos erros, a uma justa tolerância com as aparentes incompreensões, à reconciliação diante das desavenças eventualmente criadas, pois deveriam se lembrar de que são justificados gratuitamente por Deus e, não, por seus méritos.

O amor, por fim, consiste em se alegrar com a alegria do outro, reconhecendo sua dignidade, como o próprio Cristo fez, e apreciando suas capacidades e suas boas obras. A pessoa que ama se regozija quando a vida do outro caminha bem:

"Há mais felicidade em dar do que em receber".
(At 20,35)

Assim o amor unifica os belos aspectos da vida matrimonial e familiar e ajuda seus protagonistas para um amadurecimento constante e uma forma muito particular de bem querer, sob o impulso da graça:

"O amor é paciente, o amor é prestativo,
não procura seu próprio interesse.
Tudo espera, tudo suporta!"
(1Cor 13,4-7)

c) O dom de Deus

Desde os primeiros tempos do Antigo Testamento, o amor fraterno era colocado aos israelitas, lembrando-os de não guardar rancor contra seu irmão: "Amarás teu próximo com a ti mesmo" (Lv 19,18).

Toda a tradição profética se perfaz no mesmo sentido: "Eu não vou perdoar porque perseguiram seus irmãos com a espada, sem ouvir a voz do sangue fraterno" (Am 1,11).

O apóstolo João afirma, de maneira vibrante, a caridade fraterna: "Quem não ama seu irmão a quem vê não poderia amar a Deus a quem não vê" (1Jo 4,20).

O amor, assim, é a qualidade essencial pela qual todos serão julgados (cf. Mt 25,31-46). O testamento deixado por Jesus vai mais longe ainda: "Amai-vos uns aos outros como eu vos amei" (Jo 13,34).

Ele, assim, inaugura uma era nova pelo seu sacrifício, fundando uma comunidade nova, dando a cada um o Espírito que vem criar corações novos.

O amor cristão, assim, é visto à imagem de Deus, que deu gratuitamente seu Filho para a salvação de todos os homens, sem qualquer merecimento deles (cf. Mc 10,45).

O amor, em decorrência, é dom de Deus. E Paulo mostra sua grandeza afirmando que somente ele sobreviverá a todas as coisas: amando como Cristo, os membros da família viverão uma realidade viva e eterna (cf. 1Cor 13,13).

O amor, também, significa comunhão. A fraternidade na família deverá se transformar em uma caminhada comum, cada qual se engajando com toda a capacidade:

"Se vocês tiverem amor uns pelos outros,
todos reconhecerão que vocês são meus discípulos".
(Jo 13,35)

Cristo, no sacrifício do Calvário, deu-nos um maravilhoso exemplo de amor ao vencer a ansiedade, a depressão, a impaciência, os desafios, o orgulho, a autossuficiência. Superou também, colocando seu exemplo, o medo da morte, a incompreensão, a arrogância dos escribas e fariseus, a tristeza pela omissão dos discípulos.

Ele descansou tranquilo. Morreu em paz, com a personalidade intacta, não tendo inimigos em sua alma.

Um dia acontece a morte para os protagonistas na família. Quais as sementes que plantaram para germinar nos demais membros? Ou viveram e não semearam? Seus gestos, o carinho, a tolerância permanecerão na memória deles? Ou o orgulho, a autossuficiência, o ouvir não compreensivo?

A vida ficará mais suave e mais alegre no seguimento do que o Mestre ensinou. E, assim, os protagonistas erguerão os olhos e poderão descortinar os campos que percorreram e perceber os frutos das sementes plantadas.

Ele, com sua vida, mostrou que os protagonistas devem ter metas e os encorajou a sonhar com elas, cortando as amarras dos egoísmos, das inconsequências, dos imediatismos e das irresponsabilidades.

Cristo considera cada um dos componentes da família um ser único. Ele dá atenção a todos de modo distinto. Por isso os protagonistas devem ser os coautores da história da família e não as supostas vítimas.

Não se pode pressionar ninguém, nem os pais, nem os filhos, os netos ou demais agregados. Os protagonistas transmitirão a cada pessoa sua experiência e sua sensibilidade, como Jesus fazia com aqueles que estavam junto a ele, tornando-os livres e responsáveis.

Na cruz, o amor do Pai e do Filho vem revelar de maneira decisiva sua intensidade. O dom de Deus é levado a um extremo para que todos tenham vida. É preciso que os protagonistas da família aceitem livremente esse amor, louvando tão sublime graça e a feliz vida em Cristo em todos os momentos da existência:

> "Eu vivo, mas não sou eu que vivo,
> pois é Cristo que vive em mim".
> (Gl 2,20)

6
As carências na família

a) Uma crise existencial

A fragilidade dos vínculos na família quanto ao diálogo e ao amor se reveste de uma lamentável gravidade. A família é a célula fundamental da sociedade, o espaço em que se aprenderá a real vivência das diferenças em comunidade.

Hoje em dia, o matrimônio passa a ser visto mais como uma mera manifestação afetiva, cuja construção poderia ser efetuada de qualquer modo e modificada conforme a sensibilidade de cada um.

Os futuros protagonistas não compreendem a importância do agir em comunidade, de se buscar a superação de uma afetividade simplória ou de incompreensão das carências ocasionais.

E o moderno individualismo vem favorecer um estilo de vida que enfraquecerá a estabilidade dos vínculos familiares: seus membros se esquecem do aprimoramento conjunto, da efetiva construção de pontes, da consolidação dos laços, do suporte recíproco. Assim, não se dedicam para um olhar de fé quanto à realidade. Deixam de confiar em sua ação, de se livrar dos engodos e das falácias do dia a dia, achando que não existiriam mais os sólidos valores advindos da fé católica. Não reconhecem, pois, as inúmeras fragilidades que necessitariam ser afastadas: o machismo, a autossuficiência, o isolamento, a violência doméstica, a irritabilidade, as crenças e as superstições.

Também vem aumentar as crises na família uma consciência insensível de que não haveria certezas ou previsões de uma efetiva manutenção nas ligações entre os familiares.

Tudo isso vem significar o surgimento da danosa prática do "amor prudente" com a finalidade de procurar justificar uma eventual ruptura e, ao mesmo tempo, a intenção incrível de uma nova reconstrução.

b) Liberdade ou permissividade?

A construção de uma família nos tempos "modernos" não é fácil. As visões idealizadas de sua formação contribuem para o aumento de uma marcante confusão que leva a um processo de fragmentação cada vez mais progressiva.

A crise flagrante entre o casal e demais membros da família representa um sinal evidente de um imenso mal-estar para se atingir uma sadia relação. Fica, assim, muito rara a possibilidade de bases sólidas para um relacionamento das pessoas que deveriam se tornar os protagonistas no esperado lar. Isso significa a lamentável ausência de enfrentamento do mito predominante na família que faz da liberdade individual sua meta, considerada, portanto, como valor absoluto.

Seria a total hipocrisia de se procurar a manutenção do laço familiar a qualquer custo: ali se verificará a ausência de uma postura e um respeito autênticos.

Os protagonistas deveriam se lembrar de que a liberdade é um dom de Deus que deveria ser vivido com responsabilidade.

Nesse caso se perceberá, de forma evidente, a existência do amor; caso contrário, surgirá a permissividade, com os membros decidindo fazer o que quiserem, doa a quem doer, não havendo qualquer direcionamento para uma existência compartilhada.

A crise gerada pelo mau exercício da liberdade leva a uma falsa imagem de Deus (cf. Gn 1,27). Esse lamentável acontecimento pode trazer um duro sofrimento para os familiares e obscurecer o sentido de comunidade.

Para os filhos haverá a decepção de não perceberem a família unida ou de serem, no caso de uma eventual separação, considerados como uma bagagem, a ser transportada de uma casa para outra.

Isso também se pode aplicar às possíveis dificuldades do idoso na família quando do surgimento de justas e inevitáveis necessidades, muitas vezes sendo considerado como mero dependente e um objeto sem valor, ocasionando para ele inúmeras decepções.

O passado e o futuro se constroem como um memorial e uma esperança. Os jovens e os idosos terão de descobrir que só uma consciência esclarecida divisará o lugar onde apreenderão esses dons.

O sentido da vida equivale não só a um simples direcionamento, mas principalmente a seu grande significado. Referindo-se à vida humana, essa sábia visão chegará a uma correta avaliação:

> Cada etapa da vida forma parte de uma totalidade indivisível (...). Um jovem é um jovem e algo mais; um ancião é ancião e algo mais; é este algo mais que permanece através de todas as idades, representando um elemento mais importante que a juventude ou a velhice. (José Maria Cabodevilla, 1982, p. 88-89)

c) Uma expectativa superficial

A vida a dois ou a três ou a mais pessoas é sem dúvida uma relação difícil.

Muitas vezes, o casal ou a família não mais se endereça a um relacionamento de longa duração que assegure a estabilidade emocional e a procura da realização humana e espiritual.

No mundo moderno, os "entendidos" tentam explicar a convivência em um lar como uma "fantasia", pois, caso contrário, muitos obstáculos seriam colocados para suas autossuficiências.

E eles apelam para o amor "romântico" em lugar da religião, para que, desse modo, os diversos protagonistas na família busquem isoladamente sua plenitude. Esquecem-se de que o romantismo insonso veio produzir o sentimentalismo, o individualismo, a inquietude existencial, a aventura emocional, o caso de "amor" sem nenhum senso.

A imaginação romântica só tem o propósito, como acontece em nossos tempos, de explorar uma liberdade sem limites, chegando-se à permissividade e à recusa de aceitar que os homens e as mulheres são responsáveis pelos próprios atos.

Inúmeros casais chegam ao matrimônio com uma intenção decepcionante: eles querem ser felizes, não procurando a mútua construção, baseados na prevalência do sentimento sobre a razão, do subjetivismo e da imaginação romântica.

Ainda não se debruçam sobre o possível significado da vida, tendo como objetivo esconder que a posição criativa dos protagonistas não poderá ultrapassar a faculdade do compor, do transpor e do avaliar todos os materiais fornecidos pelos sentidos.

Enfim, levados por uma imaginação puramente romântica, o casal deixa de procurar a formação de uma família que acredita que a liberdade não é ilimitada, obrigando assim todos os membros a se direcionarem à construção e vivência de uma comunidade.

O sentimentalismo não é uma forma de diálogo e de amor, mas sim uma combinação infeliz de meras crenças, ideais lamentáveis, atitudes inconsequentes e falsas expectativas.

Ele procura tão somente uma relativa aproximação de indivíduos de genéticas diversas e a tênue probabilidade de uma união que não tem um terreno adequado para o recebimento de sementes que possam germinar (cf. Mt 13,1-9).

Assim, os incautos protagonistas da família não conseguem entender que esse tipo de afeição é de caráter fugaz, vindo a se desvanecer. No início, poderá haver uma auréola de luminosidade que a circundará. Porém, depois de uma forma decepcionante, ocorrerá o desaparecimento gradual.

Desse modo, os membros da família ficarão sozinhos diante de uma realidade muito difícil de administrar e de uma convivência impossível.

A relação íntima dessas pessoas só se voltará para a procura ilusória de se fundir no outro, representando sério perigo de danificação completa de suas personalidades. Ou então, passará para o uso total do parceiro ou outros membros como objetos, não os avaliando como seres humanos, procurando somente construir a figura do dominador.

d) Dos problemas familiares

Muitas vezes, os pais se esquecem de que devem se preocupar com a educação humana e cristã dos filhos. Eles têm de ser o amplo espaço em que o Evangelho irradie. Todavia, a força da evangelização se encontrará muito diminuída se os futuros protagonistas da família, que deveriam anunciar o Evangelho, estiverem divididos entre si. Não procuram compreender inicialmente que, na fase da gravidez, o feto, que é um ser humano, receberá, com toda certeza, a influência direta da existência do amor ou do desamor de parte dos pais e demais membros existentes na família. E, nascido, encontrará muitos pais influenciados por um mundo indiferente e uma sociedade egoísta, repletos de individualismos e falsos valores, não oferecendo para eles uma vivência plena.

As crianças irão questionar o eventual desequilíbrio dos pais e da sociedade, e, não lhes sendo apresentadas prontas respostas, também rumarão para os mesmos caminhos.

Quando jovens, irão enveredar pelas impensadas aventuras emocionais, pelas experiências, pelo subjetivismo, pela imaginação não refletida e pelos enganosos valores existentes no mundo.

Na fase adulta, a esperada convivência com os pais e os demais agregados caminhará em um total desinteresse.

É um posicionamento baseado em uma insensível experiência e no culto do imediatismo, não se dando atenção às pessoas de maior idade e valorizando somente o presente. Esquece-se de um sábio ensinamento:

"O passado é o presente das coisas passadas,
e o futuro é o presente das coisas futuras".
(José Maria Cabodevilla, p. 11)

E grande parte se julgará pertencente a uma geração sabedora de tudo, influenciada pela mídia e pela comparação falsa de que é "a redonda", e os outros são "os quadrados".

Nem se lembrará dos ponderados ensinamentos da física de que o redondo cabe no quadrado, pois tal evidência certamente leva à oferta recíproca da experiência e da sensibilidade. Agindo de modo contrário, não valorizam um campo ideal de evangelização, endereçando-se para um mundo sem adequada evolução no social e nos meios de comunicação.

E as realidades, como o diálogo, o amor, a coparticipação e o aprendizado, a serem dirigidas para as labutas e os sofrimentos do dia a dia, ficarão esquecidas, jogando-se fora a existência dos protagonistas na família. E essa grande parte irá fugir da realidade do sofrimento, ignorando que ele é parte do mistério humano:

> Tal é o sentido do sofrimento humano: verdadeiramente sobrenatural e, ao mesmo tempo, humano; é sobrenatural porque se radica no mistério da Redenção; e é profundamente humano, porque nele o homem se aceita a si mesmo, com sua própria humanidade, com a própria dignidade e a própria missão. (Salvifici Doloris, 31)

Em suma, todos os familiares (pais, avôs, tios, filhos, netos e sobrinhos) deveriam ser verdadeiros protagonistas na comunicação do Evangelho, recebendo sucessivamente com esse maravilhoso diálogo o mesmo Evangelho profundamente vivido:

"No seio de uma família que tem consciência dessa missão, todos os membros evangelizam e são evangelizados".
(Evangelii Nuntiandi, 71)

7
A importância da evangelização

a) A necessidade da evangelização

As considerações anteriores deixaram em muita evidência a clara urgência do diálogo e do amor na vivência diária, por ser a eficaz solução para o enfrentamento das carências na família. Esta é a célula fundamental da sociedade, o espaço em que se cultivará a unidade na diversidade de seus membros. Sua construção, nos tempos modernos, não se configura fácil porque muitos empecilhos afetam essa tarefa.

Desse modo, a ação evangelizadora da Igreja necessita implantar, nos dias de hoje, os rumos dessa missão:

> A Igreja sente a exigência indeclinável de propor o caminho a todos, sem medo, com grande confiança e esperança, sabendo que a "Boa-Nova" conhece a linguagem da Cruz e que, por meio dela, a família pode atingir a plenitude de seu ser e a perfeição do amor. (Familiaris Consortio, conclusão)

O conteúdo da evangelização como o anúncio da Verdade de Jesus Cristo, da Igreja e do Homem, apresenta uma marcante complexidade. A V Assembleia Diocesana de Pastoral da diocese de Jundiaí (2000) advertiu para sua diversificação: "O testemunho da vida cristã, o serviço aos homens, a vida litúrgica como experiência da fé em Deus, a relação entre as pessoas e o mundo, o diálogo, o anúncio, a catequese para a vivência da Boa-Nova".

Evangelizar é a palavra-chave que resume toda a ação de Jesus, da Igreja e do Homem. Os evangelistas insistem nessa afirmação:

"É anunciar o Evangelho, a Boa Notícia a todos, vivendo concretamente, como Jesus, esse anúncio".
(Lc 4,18 e Mc 1,15)

Da mesma maneira, a Assembleia Diocesana, já referida, mostra a necessidade prática da evangelização:

"Evangelizar é anunciar e vivenciar Jesus Cristo morto e ressuscitado como Boa-Nova. Viver como Jesus deve ser o grande projeto de todo o cristão evangelizador!"

Desse modo, fica clara à família a necessidade da evangelização, do cultivo dessa riqueza, desse dom, dessa dinâmica realidade entre seus membros, tornando-os seus protagonistas.

Os homens da Igreja bem como a família devem ter a viva consciência de que "a evangelização é tarefa sua" (cf. Lc 4,43) e de que o anúncio da Boa-Nova se aplica a todos os seus componentes. São Paulo é expresso:

> "Anunciar o Evangelho não é um título de glória para mim. É, antes, uma necessidade que se impõe". (1Cor 9,16)

Conforme nos ensina, o anúncio da Boa-Nova deve ser considerado mais que um dever para os membros da família, pois se trata, na realidade, de uma necessidade para seu desenvolvimento.

E seus protagonistas ficarão cientes de que seu exercício somente poderá ser construído por meio de uma expressiva responsabilidade. A vivência da liberdade entre seus membros está baseada nessa verdade.

O prêmio dessa meta estará em viver a própria missão. Sua recompensa reside em se tornar participante da Boa-Nova:

> "Tudo isso eu o faço por causa do Evangelho, para me tornar participante dele". (1Cor 9,23-24)

Na evangelização da família tudo é importante. É o dever de nada se omitir, quer agrade, quer desagrade, quer sejam verdades suaves ou aparentemente "duras" segundo o patrimônio da fé e moral cristãs. O papa Paulo VI oferece uma colocação definitiva:

Sim, essa mensagem é necessária; ela é única e não poderia ser substituída. Assim, ela não admite indiferença, nem acomodação. É a salvação dos homens que está em causa; é a beleza da Revelação que ela representa; ela comporta uma sabedoria que não é deste mundo. (Evangelii Nuntiandi, 5)

b) A comunhão familiar

A apresentação da mensagem evangélica se constitui em um mandato do Senhor Jesus. Esse anúncio, assim, não é uma contribuição facultativa. Trata-se de uma realidade necessária, única, insubstituível.

A audácia nesses caminhos deve ser o atributo dos protagonistas na família. O verdadeiro evangelizador irá trilhar essas vias na expectativa da realização das palavras de São Paulo a Timóteo:

"Proclame a Palavra, insista no tempo oportuno e inoportuno, advertindo, reprovando e aconselhando com toda paciência e doutrina!" (2Tm 4,2)

O Espírito Santo, enviado pelo Pai, é o protagonista, o responsável maior, o fundamento da evangelização. Ele vem ensinar todas as coisas, fazer os discípulos se lembrarem das palavras de Jesus e conduzi-los para toda a verdade:

> O Espírito Santo será na Igreja e em toda a sua história não só Aquele que completará a Revelação, conduzindo sua Igreja e seu Magistério pelos caminhos da verdade..., mas ainda o Intercessor, o Defensor, o Consolador e o Protetor de seus discípulos! (Dom Amaury Castanho, p. 25)

O Espírito Santo não somente ensina a comunidade eclesial e, de igual modo, a familiar: dirige também a ação em seus caminhos (cf. At 16,6-10); é a força da comunidade para o anúncio do ensinar e do agir de Jesus (cf. At 4,23-31 e 9,31).

O Senhor insiste na experiência da Comunhão (cf. At 1,12-14), assinalando sua importância na atividade concreta de evangelização. Desde os primórdios da História da Salvação, havia demonstrado a excelência da vida comunitária:

> "Não é bom que o homem esteja sozinho".
> (Gn 2,18)

Conveniente, assim, a insistente reiteração de uma plena realidade: a comunhão familiar se orienta pela solidariedade, pela vida em comum e pelo serviço aos irmãos:

> "Ela deve ser a expressão da partilha da Palavra, da Oração, do Amor, da Comunhão Fraterna, da Amizade, das Iniciativas de Justiça e Verdade".
> (At 2,42-47)

O centro desse lindo retrato da comunidade familiar é, pois, a comunhão (cf. At 4,32-35), o serviço (cf. At 5,12-16), a vivência do amor" (cf. 2Jo 1,6).

É verdadeiramente oportuna a compreensão da comunhão eclesial e, assim, da familiar, como fundamentos da ação evangelizadora.

Essa comum união expressa, de modo efetivo, o espírito missionário dos protagonistas que serão chamados um dia para essa difícil tarefa no seio da família:

> "Toda a Igreja, pois, por meio da Comunhão Eclesial, é missionária, e a obra da evangelização é dever fundamental do Povo de Deus". (Ad Gentes, 35)

A presença de protagonistas na família se mostra bastante necessária nesse profícuo caminho em Cristo, na Igreja e na Ação Pastoral. É manifesta sua importância, devendo eles ser inseridos na sábia gestão das Pastorais especializadas a serem descritas em tempo oportuno.

É necessária a inserção dos futuros protagonistas nas atividades propostas nas diretrizes pastorais, em seus métodos e objetivos específicos. Tornar-se-á, assim, um itinerário conjunto de diálogo e de amor:

> Aparecendo em nossa época novos problemas e grassando erros gravíssimos que ameaçam inverter profundamente a religião e a moral, este Santo Sínodo exorta de coração todos os leigos a assumirem mais conscientemente suas responsabilidades

no aprofundamento dos princípios cristãos, em sua defesa e em sua adequada aplicação aos problemas de nossa época! (Apostolicam Actuositatem, 6)

Desta maneira, o apostolado dos Leigos significa sua coparticipação na própria missão salvífica da Igreja... sendo chamados a ser a própria Igreja presente naqueles lugares e circunstâncias onde apenas por meio deles Ela pode chegar como sal da terra! (Lumen Gentium, 33)

Santo Agostinho, Doutor da Igreja, expressa a real evidência da dignidade dos Leigos como irmãos no ministério eclesial:

"Atemoriza-me o que sou para vós; consola-me o que sou convosco! Pois para vós sou bispo, convosco sou cristão. Aquilo é um dever, isto uma graça!
(Lumen Gentium, 32)

Todas essas considerações fazem aflorar a vocação missionária de todo o Povo de Deus e, particularmente, dos protagonistas da família na responsabilidade comunitária de sua prática:

"A CNBB vem enfatizar que a Igreja é, em primeiro lugar, um mistério de comunhão (...). A noção de Povo de Deus exprime a profunda unidade, a comum dignidade e a fundamental habilitação de todos os seus membros à coparticipação em sua vida e à corresponsabilidade na missão".
(CNBB, doc. 62, 70)

8
Os desafios da evangelização

a) As lamentáveis mudanças

O anúncio do Evangelho se identifica com a Igreja e sua história. Ela necessita ser o sinal de novidade e de transformação da vida cristã. Por isso, a família e seus protagonistas devem ser chamados à inserção e integração na comunidade eclesial como instrumentos e anunciadores da Boa-Nova nos ambientes que a hierarquia não pode diretamente atingir.

Essa necessidade de evangelização é evidenciada de maneira clara à Igreja e ao Povo de Deus, a fim de se levar à riqueza inserta nessa bela e perene mensagem.

Porém, a realidade eclesial e familiar está marcada por grandes mudanças que estão afetando a vida das pessoas, trazendo consequências em todos os campos de atividade, causando impactos na cultura, nas artes, na religião e na família.

Inúmeras são as turbulências que podem acontecer nos caminhos da evangelização eclesial e familiar:

1. O individualismo torna obscuros os vínculos comunitários, visando à radical transformação da família e dando papel primordial à imaginação...

2. Os fenômenos sociais, econômicos e tecnológicos são inseridos na base da vivência temporal, cultivando o presente e assinalando um futuro incerto...

3. Os meios de comunicação tentam introduzir uma visão irreal de felicidade e uma pobre percepção de realidade, e até de linguagem, impondo-se como um autêntico modo de ser e existir...

4. As mudanças culturais propõem a alteração dos papéis tradicionais dos homens e das mulheres, buscando a adoção de novas atitudes e novos estilos de identidade e modo de agir...

5. Tenta-se, assim, dissolver a concepção integral do homem, sua relação com o mundo e com o Criador. Esse é o grande erro das tendências do presente século: quem exclui Deus de seu horizonte falsifica o conceito de liberdade e só pode terminar em caminhos equivocados... (cf. Documento de Aparecida, 44-51).

Dom Cláudio Hummes, então Prefeito da Congregação para o Clero, em sua Carta aos Presbíteros em comemoração ao Dia dos Padres, manifestou-se sobre esses sinais dos tempos:

> A atual cultura ocidental dominante, sempre mais difundida em todo o mundo por meio da mídia global, apresenta novos desafios para a evangelização. Trata-se de uma cultura marcada profunda-

mente por um relativismo que recusa a afirmação de uma verdade transcendente e, em consequência, arruína os fundamentos da moral e se fecha à religião. Por isso chega-se "ao niilismo", segundo o qual não há nada nem ninguém pelo qual vale a pena investir a própria vida e, portanto, a vida humana carece de um verdadeiro sentido. (O Verbo, 2009, p. 3)

Dom Gil Antônio Moreira, em seu pastoreio como insigne bispo da diocese de Jundiaí, SP, assim expressava essas realidades e a necessária ação da Igreja:

> Percebe-se que a Igreja é, talvez mais que em outros tempos da história, sensivelmente desafiada na missão de evangelizar. Com a ampliação quase assustadora dos meios de comunicação, observa-se uma lacuna no sentido de dar à pessoa humana a consciência plena da verdade sobre Deus, sobre o homem e sobre o mundo. (O Verbo, 2005, p. 2)

Dirigindo sua visão para a vida familiar e à aparente falência de seus valores humanos fundamentais, João Paulo II cita vários fatores que estão a exigir uma nova e prudente evangelização:

> Os sinais da evidente degradação dos valores, a errada compreensão da independência dos cônjuges entre si, as dificuldades concretas e reais na transmissão dos valores, a falsa ideia da experiência de

liberdade como força autônoma de afirmação... Vivendo em tal mundo, nem sempre os fiéis souberam manter-se imunes diante do obscurecimento dos valores fundamentais. (Familiaris Consortio, 6-7)

Esse santo Pontífice insiste nesses preocupantes desafios:

"Em um mundo fortemente secularizado, surgiu uma gradual secularização da salvação, em que se procura lutar, sem qualquer dúvida, pelo homem, mas por um homem dividido, reduzido unicamente a uma dimensão afastada de Deus!"
(Redemptoris Missio, 11)

Na XXI Jornada Mundial da Juventude, em 6 de abril de 2006, o papa Bento XVI, respondendo à indagação sobre os grandes desafios a enfrentar em nossa era, deu a seguinte resposta:

"O grande desafio de nosso tempo é o secularismo, um modo de viver e de apresentar o mundo como se Deus não existisse. Pretende-se reduzir Deus a um sentimento, como se não fosse uma realidade objetiva; assim cada um cria seu projeto de vida!"
(Perguntas e respostas, p. 56)

Quando as pessoas de boa vontade, inclusive os membros de uma família, vão percebendo essas limitações, sentem-se ansiosas e angustiadas. Nenhum critério parece propor um significado para esses acontecimentos. Eles se apresentam muito preocupantes para uma consciência que se crê insignificante para tomar uma posição adequada. E, desse modo, surgem as consequentes indagações:

"Por que tantas inseguranças, temores, invejas, insatisfações, desequilíbrio, desespero, angústia, tristeza, limitações? (...) Por que as famílias se desintegram, os filhos se rebelam contra os pais, há as lutas de gerações, as competições e os ódios? (...) Por que a não vivência do maravilhoso plano de amor, de justiça e de paz?" (José H. Prado Flores, p. 25-26, 2002)

O Congresso do Cone Sul da Pastoral Familiar, em 1998, em Santiago do Chile, chamava a especial atenção para esses fatos que dificultam a tarefa missionária:

"Tudo isto acaba colocando à prova os homens bem-intencionados, exigindo sua criatividade no Espírito. Essas realidades vêm trazer à tona a responsabilidade na devida ação".
(CELAM, 1998, p. 122)

b) O outro caminho

Poder-se-ia continuar essa amostragem de citações e preocupações que percorrem o espírito dos homens em uma família.

Entretanto, existe outra marcante via: os protagonistas da família estão convidados a se tornarem dela coparticipantes.

Dom Cláudio Hummes salientou uma importante verdade:

> Tais circunstâncias poderiam conduzir à tentação de um pessimismo desencorajante e induzir à retirada para a defensiva, em trincheiras. Não podemos nem nos desencorajar, nem ter medo da sociedade atual nem simplesmente condená-la. Cada cultura humana, também a atual, pode ser evangelizada. (O Verbo, 2009, p. 3)

Bela é a lição de João Paulo II nesse sentido:

> Por que a missão? Porque, para nós, como para São Paulo, foi-nos dada a graça de anunciar aos gentios a insondável riqueza de Cristo (Ef 3,8). A novidade de vida nela é "Boa-Nova" para o homem de todos os tempos: a ela todos são chamados e destinados. Todos, de fato, buscam-na, mesmo que, às vezes, confusamente, e têm o direito de conhecer seu valor. (Redemptoris Missio, 11)

Frei Elias Vella coloca a exata medida da tarefa missionária:

"Há pessoas que criticam a Igreja somente porque não se sentem fazendo parte de sua vida. Outros a criticam porque se sentem tão obrigados a fazer algo por ela, querendo que a Igreja seja melhor. Sentir-se obrigado a fazer algo pela Igreja não significa evitar a crítica (...) Significa dizer ao Espírito: Meu Senhor, se você me faz ver que as coisas não andam bem, o que você quer que eu faça? (...) Qual a minha parte nisto? (...) Precisamos ser fortes para sermos cristãos de verdade! (...) O Espírito Santo está sempre pronto a nos dar nova força para a divulgação da Boa-Nova e para o devido testemunho como cristãos ativos e evangelizadores". (2005, p. 131-132)

9
O caminho da evangelização

a) Uma nova primavera

O Senhor instituiu a Igreja como seu projeto na história da salvação e convocou, como já referido, a família e seus futuros protagonistas para uma importante tarefa de evangelização a se realizar em uma realidade comunitária sob as luzes do Espírito Santo.

Para um pleno desempenho dessa missão não lhes basta somente o conhecimento das verdades relativas à Igreja. Existe a necessidade de se passar para etapas de ação concreta:

> "O cristianismo não consiste em um amontoado de leis rígidas, costumes e ritos, fechado e estático. É um processo, um caminho, que se efetiva na história e constrói uma nova realidade, a Boa-Nova" (Bíblia Sagrada, Edição Pastoral, 1990, p. 1.429)

Mas esse caminho, para que se possa atingir uma eficaz dinâmica de evangelização, encontra no percurso condições muito difíceis.

Como já colocado por dom Gil, o mundo hodierno, talvez mais que em tempos anteriores, tenta obstruir a missão evangelizadora da Igreja, procurando criar uma lacuna na plena consciência da verdade sobre Deus. Essas realidades trazem resultados funestos quanto à ação pastoral.

O papa João Paulo II enfatizava que são muitos os fatos missionários resultantes do Concílio: a multiplicação das Igrejas locais; a inserção mais profunda das Comunidades Cristãs; o empenho dos leigos no serviço de evangelização; as Igrejas particulares abrindo-se ao diálogo e à colaboração; a consciência recente de que a missão compete a todos os cristãos, a todas as dioceses, paróquias, instituições e associações eclesiais (cf. Redemptoris Missio, 2).

Mas o venerável Pontífice, apesar de relembrar a feliz realidade dessa nova primavera do cristianismo, mostra uma reiterada inquietação com a existência de tendências negativas:

> "A missão específica 'ad gentes' parece estar em fase de afrouxamento contra todas as doutas indicações do Concílio e do Magistério posterior. Dificuldades internas e externas enfraquecem o dinamismo missionário da Igreja". (Redemptoris Missio, 2)

b) O aperfeiçoamento pastoral

A Igreja, olhando para essas situações, entende a necessidade de um pronto aperfeiçoamento em sua atividade pastoral. Sabe que isso decorre de sua natureza no anúncio e na rápida propagação do Evangelho.

Ela se preocupa com a moderna sociedade que está sofrendo mudanças radicais, notadamente na comunidade familiar e em seus protagonistas. Surgem, assim, condições inteiramente novas e inéditas atividades missionárias:

> Ela deve concretizar no tempo sua ação, conforme essas circunstâncias. Muitas vezes ocorre um paulatino progresso ou, então, um inesperado recuo ou um estacionamento em um estado de insuficiência. Seus setores devem combinar atos ou meios aptos para qualquer situação ou estado. (Ad Gentes, 6)

Muitas e importantes interrogações se colocam na demanda efetiva da atividade missionária:

Com que linguagem anunciar o mistério de Cristo? Como fazer para que essa comunicação chegue a todos os destinatários? Como captar os sinais dos tempos, interpretá-los à luz da fé e integrá-los na missão salvífica? Quais os caminhos para uma dinâmica de evangelização?

Magistrais são os vários questionamentos de São Paulo VI quanto aos métodos para a proclamação do Evangelho:

> O que é feito, em nossos dias, daquela energia escondida da Boa-Nova, suscetível de impressio-

nar a consciência dos homens? Como essa força evangelizadora está em condições de transformar verdadeiramente o homem deste nosso século?
Quais os métodos que se deverão seguir para proclamar o Evangelho de modo que sua potência possa ser eficaz? Tais perguntas, no fundo, exprimem o problema fundamental que a Igreja hoje põe a si mesma... Encontrar-se-á mais apta para anunciar o Evangelho e para infundir no coração dos homens, com convicção, a liberdade de espírito e a eficácia? Sim ou não? (Evangelii Nuntiandi, 4)

Idênticas preocupações e perguntas estão ocorrendo em muitas dioceses e paróquias.

A diocese de Jundiaí, em 2007, na Reunião Geral do Clero, promulgou o novo Projeto Diocesano de Evangelização "Discípulos e Missionários de Jesus Cristo". A síntese desse projeto, posteriormente apresentada, vem reconhecer a necessidade da ação e da integração missionárias na diocese e nas paróquias:

"A Igreja é missionária por natureza. E, por essa
Dimensão Missionária, entende-se que essa
característica essencial de sua vida permeia todas as
suas ações e atividades. Ninguém pode ser excluído
dessa tarefa primordial (...) Para isso, a Diocese, as
Regiões Pastorais e as Paróquias se propõem buscar
uma melhor organização eclesial e pastoral de modo
que possam cumprir a missão evangelizadora. Entre

os objetivos específicos, insistem na integração e na articulação das pastorais, dos movimentos, das associações e de agentes em uma ação concentrada de evangelização".
(O Verbo, 2007, p. 9)

10
Uma nova evangelização

a) Sua importância

Como relatado, aconteceu na Igreja um expressivo reflorescimento de ministérios, assumido pelos leigos, levando a uma autêntica primavera pastoral com uma sugestiva variedade de carismas na comunidade eclesial.

Mas esse desabrochar está sendo ameaçado por evidentes problemas que dificultam a ação evangelizadora, gerando empecilhos na transmissão de seus valores nos diversos momentos pastorais, e, sobretudo, na efetiva formação de verdadeiros protagonistas no seio da família.

Embora ocorram situações complexas e diversificadas nessa ação pastoral, não existem dúvidas de que uma nova evangelização se mostra imprescindível, prestando-se contínua atenção às várias mudanças e aos desafios que surgem no horizonte das comunidades eclesial e familiar.

Em consequência, a missão pastoral de se levar essa riqueza e complexidade a toda a terra e a todas as pessoas se constitui de enorme importância. Seus métodos devem ser buscados e cultivados para que a emergente cultura seja devidamente evangelizada.

O contexto da mensagem cristã exige, pois, ações adequadas para uma eficaz atividade missionária, precisando não só a quem se destina o anúncio e a quem incumbe essa tarefa nos sucessivos momentos, mas também a um plano pastoral que possa conduzir a uma concreta integração nos diversificados sistemas da ação evangelizadora eclesial.

Inúmeras dificuldades levam a um enfraquecimento, desânimo e a uma apatia no dinamismo missionário da Igreja. Necessita-se de um concreto procedimento nos novos tempos:

> "Um novo caminho para andar (...) Uma nova via para a evangelização" (...)
> (CELAM, p. 105)

Não podem acontecer as acomodações, os medos, as preocupações com uma aparente falta de forças para essa difícil tarefa:

> "Assim, com muito gosto, prefiro gabar-me de minhas fraquezas, para que a força de Cristo habite em mim. É, por isso, que me alegro nas fraquezas, humilhações, necessidades, perseguições e angústias, por amor de Cristo. Pois, quando sou fraco, então é que sou forte!"
> (2Cor 12,9-10)

Essas questões, dúvidas, hesitações, buscas, fizeram surgir a urgência de uma comum tarefa evangelizadora:

"A esperança cristã nos apoia em um empenho profundo em favor de uma nova evangelização".
(Redemptoris Missio, 86)

b) À procura do significado

Surge, desse modo, uma necessária indagação: "O que deve se entender por uma nova evangelização?"

Seria, como querem muitos adeptos de uma "moderna" concepção religiosa, estabelecer um novo conteúdo para a mensagem cristã, uma nova verdade sobre Jesus Cristo, a Igreja e o Homem?

São Paulo, em sua Carta aos Gálatas, criticava duramente esse entendimento:

> "Maldito seja quem anunciar um evangelho diferente daquele que vocês receberam. Por acaso é a aprovação dos homens que se está procurando ou a aprovação de Deus? Se estivesse procurando agradar aos homens, eu já não seria servo de Deus".
> (Gl 1,9-10)

São Paulo VI manifestou-se nesse mesmo sentido:

> As Igrejas Particulares têm o papel de assimilar o essencial da mensagem evangélica, de transpô-la sem a mínima traição à verdade essencial... A evangelização correria o risco de perder sua força

> e de se desvanecer, se fosse despojada ou fosse deturpada quanto ao conteúdo, sob o pretexto de a traduzir melhor; o mesmo sucederia se, ao querer se adaptar uma realidade universal a um espaço deste mundo, se sacrificasse essa realidade!
> (Evangelii Nuntiandi, 63)

O papa João Paulo II lembrou que a ciência é, muitas vezes, usada contra seu significado originário:

> Uma nova compreensão do sentido último da vida e de seus valores fundamentais é a grande tarefa que hoje se impõe. Somente a consciência do primado desses valores consente um uso das imensas possibilidades colocadas nas mãos do homem pela ciência...
>
> A ciência é chamada a juntar-se à sabedoria (...) Mais do que os séculos passados, nosso tempo precisa de tal sabedoria para que se humanizem as novas descobertas do homem!
> (Familiaris Consortio, 8)

Dom Amaury Castanho acentuava tais considerações:

> Conciliar as verdades da fé com as da ciência, os valores do Evangelho da fraternidade e da solidariedade com os de um mundo marcado pelo egoísmo e consumismo, as exigências de uma vida conjugal fiel e aberta ao dom da vida com os novos e graves problemas levantados pela En-

> genharia Genética e a Bioética, certamente estão exigindo novas respostas a partir do Evangelho (...) Tudo isto clama por uma nova evangelização! (2002, p. 29-30)

O cardeal Joseph Ratzinger, futuro papa Bento XVI, ensinava com toda a ponderação:

> O anúncio evangélico deve assumir toda a amplitude da realidade para torná-la transparente rumo a Deus. A tarefa contínua do anúncio é soletrar de tal modo o alfabeto do mundo que se torne discurso sobre Deus... Se, desse modo, fala-se "terreamente" de Deus, isso não pode significar um deter-se no mundo, mas deve desencadear o processo de transcender o mundo que não pode fechar-se em si mesmo. Deve significar que a fé enquadra a realidade no domínio englobante de Deus. (Dogma e Anúncio, p. 103, 2007)

O que se entende, então, por "uma nova evangelização"? A nova evangelização não está relacionada com seu conteúdo, mas com sua dinâmica. Pode-se afirmar com toda a segurança:

"A nova evangelização é sinônimo de nova dinâmica!"

c) A demanda de um novo meio

E essa procura é revestida de um valor fundamental:

> A evidente importância de seu conteúdo supõe a importância das vias e dos meios da nova evangelização. O problema de "como evangelizar" apresenta-se sempre atual porque as maneiras de fazê-lo variam em conformidade com as diversas circunstâncias de tempo, lugar e cultura, lançando um desafio, em certo modo, a nossa capacidade de descoberta e de adaptação... A nós, Pastores, incumbe o cuidado de remodelar, com ousadia e prudência, em fidelidade total a seu conteúdo, os processos e os caminhos da evangelização! (Evangelii Nuntiandi, 40)

Dom Amaury Castanho relembrava, com constância, a exortação feita por João Paulo II para se proceder a uma nova evangelização nas vias diocesanas e paroquiais:

> João Paulo II insistia em que toda a Igreja deve se empregar em uma nova evangelização com um renovado ardor missionário, novos métodos e novas expressões...
> O renovado ardor missionário se realiza na certeza de estar, de maneira exclusiva, a serviço do Senhor Jesus, da Igreja e do Projeto de Deus no mundo...
> Os novos métodos e as novas expressões informam principalmente ao planejamento pastoral em nível das Dioceses e Paróquias, partindo sempre das experiências desenvolvidas e apreendidas no transcurso dos tempos da Igreja local! (2002, p. 31 e 35)

O digno Bispo ainda ensinava que as realidades de uma nova evangelização se apresentariam como novos desafios, novas vias, novos métodos, novos serviços, nova organização, nova criatividade e nova integração:

"João Paulo II é para todos nós um exemplo dessa criatividade que nos deve levar à descoberta de novos métodos na evangelização (...) Sem ousarmos e sem termos a coragem de realizar com prudência novas experiências pastorais, sem encontrarmos novos caminhos e novas soluções, sem a organização de novos serviços, estaremos cerceando o Espírito de Deus e limitando a força da Palavra".
(Dom Amaury Castanho, 2002, p. 37)

11
A hierarquia e a nova evangelização

a) O labor pastoral

A missão renova a Igreja, revigora sua fé e sua identidade, dando-lhe novo entusiasmo e novas motivações. São João Paulo II insistiu nesse fato:

> O que me anima mais a proclamar a evangelização missionária é que ela constitui o primeiro serviço que a Igreja pode prestar ao homem e à humanidade inteira no mundo de hoje, que, apesar de conhecer realizações maravilhosas, parece ter perdido o sentido último das coisas e de sua própria existência. (Redemptoris Missio, 2)

O Concílio Vaticano II estabeleceu como pretensão a renovação da atividade da Igreja de acordo com as necessidades de seus membros, sublinhando seu caráter missionário e fundamentando-o em sua própria missão trinitária:

"A tarefa fundamental da Igreja de todos os tempos e, particularmente, do nosso é a de dirigir o olhar do homem e orientar a consciência e experiência da humanidade inteira para o mistério de Cristo".
(Redemptoris Missio, 4)

São João Paulo II alertava, ainda, para a Igreja ensinar a todos a convicção acerca do matrimônio e da família como seus bens preciosos:

"A Igreja, iluminada pela fé, faz conhecer toda a verdade sobre o bem precioso do matrimônio e da família e sente a urgência do anúncio da Boa-Nova a todos, em particular àqueles que são chamados ao matrimônio e para ele se preparam e aos esposos e pais do mundo". (Familiaris Consortio, 3)

A Igreja procura comunicar cada vez melhor a verdade do Evangelho sem renunciar ao bem e à luz que pode dar:

> A Igreja é chamada a ser sempre a casa aberta do Pai (...) Um dos sinais concretos desta abertura é ter, por todo lado, igrejas de porta aberta (...) Assim, se alguém quiser seguir uma moção do Espírito e se aproximar à procura de Deus, não esbarrará com a frieza de uma porta fechada. (Evangelii Gaudium, 47)

O labor pastoral fez resultar uma feliz primavera na ação evangelizadora da Igreja, multiplicando seus frutos tendo em vista uma melhor formação dos membros.

Como referido, verificou-se uma inserção mais profunda das comunidades cristãs, do intercâmbio de bens e dons espirituais, de um empenho dos leigos no serviço de evangelização que estaria mudando a vida eclesial, da abertura ao diálogo, da colaboração e, enfim, da consciência paulatina de que a missão compete a todos os cristãos.

b) As luzes e as sombras

Todavia, esta "nova primavera" na Igreja não poderia ocultar uma real preocupação a ser superada, pois parece estar em uma fase de triste afrouxamento:

> "A situação histórica em que vive a família apresenta-se como um conjunto de luzes e sombras".
> (Familiaris Consortio, 6)

A lei natural evidencia que à primavera de flores e odores sucede também o outono de folhas secas e desanimadoras. Mas tudo isso pode se transformar em um pleno verão de calor humano que despertará um novo vigor sobrenatural, que levará a família à coparticipação no amor de Cristo e a uma importante atuação para a santidade da Igreja.

Por isso São Paulo VI, já antevendo essas realidades na missão evangelizadora da Igreja, notadamente no campo da família, ensinava:

"As tensões internas, que debilitam algumas instituições eclesiais, desapareceriam diante da firme convicção de que a salvação das comunidades locais se conquista pela cooperação na obra missionária".
(Mensagem para o dia mundial das missões, 1972)

Assim, só a educação para o diálogo e o amor, radicada na fé, pode conduzir a família à aquisição da capacidade de interpretar "os sinais dos tempos" que estão indicando um duplo sentido de amor:

"O amor de Deus impelido até ao desprezo de si e o amor de si impelido até ao desprezo de Deus".
(De Civitate Dei XIV, 28)

Os Pastores na Igreja, a CNBB e a Pastoral Familiar estão, há muito tempo, debruçados sobre os caminhos sequenciais que se mostravam aparentemente claros:

"A busca sistemática do estabelecimento dos critérios de iluminação e de estruturação dos setores da família para, em momento posterior, se chegar à viabilização das linhas de uma ação pastoral adequada, gradual e deveras progressiva".(João Bosco Oliveira e Aparecida de Fátima Fonseca Oliveira, 2003, p. 17)

Várias dúvidas se colocam na busca da atividade missionária:

"Com que linguagem anunciar Cristo? (...) Como se proceder para que essa comunicação chegue a todos os destinatários? (...) "Quais os caminhos a serem percorridos até a realização da adequada dinâmica para uma nova evangelização?"

Assim, diante de uma complexa e, ao mesmo tempo, fragmentada realidade, torna-se difícil, mas não impossível, a compreensão dos rumos da história e a demanda de um eficaz discernimento:

> Cabe a cada cristão, dentro de sua comunidade, organização e movimento, discernir com mais profundidade esses desafios, percebendo as luzes e as sombras, os sinais da graça e as sequelas do pecado. (...) Todos têm o dever de se esforçar, iluminados pela fé, para compreender a realidade e buscar caminhos. (CNBB, doc. 62, 12)

No Sínodo anterior à promulgação da "Familiaris Consortio", os Padres componentes advertiram da difusão do divórcio, a tendência, muitas vezes, insensível a uma nova união, a aceitação do matrimônio meramente civil ou a procura do matrimônio cristão com a ausência de uma fé viva (cf. Familiaris Consortio, 7).

O Congresso do Cone Sul da Pastoral Familiar, ocorrido em Santiago do Chile em 1998, examinou e, posteriormente, aprovou Critérios de Iluminação das linhas de uma ação pastoral.

O Congresso, na preocupação do avanço da ação evangelizadora, veio detalhar atitudes de estruturação de linhas pastorais para com as famílias em todas as suas situações na vida eclesial:

a) Uma mudança de mentalidade de parte dos Pastores da Igreja para um claro anúncio do dever de formação, com diálogo e amor, da família e de seus protagonistas.
b) A conveniência de uma ação pastoral planejada para evitar uma reincidência em improvisações fáceis ou experiências frágeis que logo irão terminar em sinais de frustação ou abandono tendo em vista a falta de entendimento ou de ações motivadoras.
c) A ação pastoral não pode aceitar uma entidade que quer se tornar especializada, ou seja, que não se integre em uma ação solidária com os caminhos da ação evangelizadora, porém não deixando de evidenciar a valorização de suas características e de orientar sua coparticipação com os setores da pastoral específica.
d) Uma ação pastoral de revitalização do Sacramento do Matrimônio e de reconstrução de um matrimônio possível já existente, dirigida para uma vivência solidária e perseverante.
e) A ação pastoral gradual na programação de um planejamento, ação, respostas e possibilidades concretas.
f) A capacidade de criatividade no Espírito.
g) O cultivo da liberdade de espírito que o Evangelho coloca.

h) Uma ação pastoral de autocrítica para não somente se buscarem as causas das várias dificuldades nas estruturas econômicas, sociais, culturais e, principalmente, familiares ou da malícia e da maldade de seus membros, como também das possíveis falhas na própria maneira de agir e de sua lentidão no processo de evangelização e de formação da família e dos protagonistas.

E os componentes do Congresso chegaram a debater e apresentar os seguintes questionamentos:

> se a Igreja trata com sinceridade a realidade do amor e do matrimônio em todos os momentos de evangelização;
> se a Igreja está mais preocupada com as exigências da validade canônica do que com a frutuosidade sacramental;
> se a Igreja tem se empenhado mais para a efetiva planificação de uma ação pastoral progressiva e solidária;
> se a Igreja propicia uma verdadeira coordenação entre família-escola-catequese tanto no conteúdo como na formação de critérios e mentalidade. (CELAM, p. 53-76)

Por isso a oportunidade de uma nova evangelização... Os vários documentos sobre o conteúdo são necessários, mas, sem a "práxis", poderão acontecer só meras idealizações.

Muitos Pastores estão, em decorrência, insistindo na criação de uma consciência que não exclua ninguém da ação pastoral, notadamente a família e seus protagonistas, e de uma coordenação que viabilize respostas e empenhos concretos.

E, desse modo, eles vêm recomendando, de maneira intensa, uma nova evangelização para a existência efetiva de três ações essenciais no seio da família:

"a) A participação no sacerdócio comum dos fiéis (...)
b) A participação na realeza batismal do Povo de Deus (...)
c) A participação no dom profético do Reino de Deus".
(CELAM, p. 77)

12
A família e a nova evangelização

a) A causa principal das dificuldades

A Igreja, como já referido, tem o ônus de efetivar o conhecimento de toda a verdade sobre o matrimônio e a família bem como da urgência do anúncio do Evangelho a todas as pessoas e, em particular, àquelas que são chamadas ao matrimônio ou para ele se preparam.

A insistência na busca sistemática de critérios de iluminação e de estruturação dos setores da família é manifesta, a fim de se atingirem as linhas de uma ação pastoral gradual e progressiva.

Dessa maneira, ressurgem as preocupantes perguntas: como se proceder para essa demanda ser levada a seus destinatários? Quais os caminhos a serem percorridos para uma efetiva dinâmica?

A tentativa de resposta a essas indagações e de apresentação dos meios concretos não é fácil e sempre dependerá de um significativo esforço. Todavia, não logo, somente após serem colocadas outras considerações que venham possibilitar o propósito desejado e em um momento definido.

Em capítulo anterior, evidenciaram-se muitas carências no seio da família e as consequências do desentendimento entre seus membros, a começar dos cônjuges.

Neste momento é importante a necessidade de se discorrer sobre a causa principal que conduz a essa problemática.

A Igreja, como acentuado, sempre colocou a família como uma de suas maiores instituições e um dos bens mais preciosos da humanidade. Cada família possui uma natureza e uma missão especiais, pois se trata sem dúvida de uma referência concreta para a ação evangelizadora.

Assim, não ocorrerão essas circunstâncias nem uma nova humanidade se não existir a família direcionada à novidade do batismo e da vida segundo o Evangelho:

> "A finalidade da evangelização, portanto, é esta mudança interior; e, se fosse necessário, o mais exato seria dizer que a Igreja só evangeliza quando procura converter a consciência pessoal e coletiva dos homens".
> (Evangelii Nuntiandi, 18)

A causa principal de muitas famílias de nossos tempos terem sido colocadas em questão reside no fato de que muitas não se atêm mais aos valores que constituem seu fundamento.

E elas se mostram frágeis diante desses dons e deveres, confundindo-se quanto à verdade em sua vida:

"Portanto, a realidade social e cultural de nossos dias apresenta, quanto às famílias, não poucas situações difíceis que interpelam e pedem a presença constante da comunidade cristã e de sua ação pastoral".
(João Bosco Oliveira e Aparecida de Fátima Fonseca Oliveira, p. 18)

Elas parecem não escapar dessa triste realidade em virtude de muitas incertezas em seu modo de ser e de agir:

"Essas lamentáveis evidências têm muito a ver com a crise do casal e da família e, por cima de tudo e bem no plano eclesial, está presente a crise de fé, em que o casamento é mais questão de hábito ou tradição que vocação, e a catequese deixa muito a desejar".
(Carta Mensal Equipes de Nossa Senhora, n. 509, p. 4)

É lamentável que os hábitos, as tradições, as superstições, as festanças, os coloridos tapetes, as comidas, os doces, as vestes e outros acontecimentos alimentem ainda as ilusões dos potenciais candidatos ao matrimônio e dos nubentes. E, tristemente, deixam de lado a formação do lar, o entendimento do que estão fazendo, pensando em tudo menos no compromisso que assumiram, nos deveres correlatos, no respeito mútuo, na complementação recíproca, na eficaz solidificação da união, no ser o suporte concreto um do outro. Não se importam assim com a arte do diálogo, a excelência do amor, a riqueza do discernimento, o ato de compreender situações e de separar o certo do errado, a capacidade de avaliar os fatos com bom senso e clareza.

Tampouco não cogitam um discernimento do espírito, que colocaria os nubentes em contato direto com a consciência e a prática das coisas sagradas. Ao contrário, querem permanecer em uma mera superficialidade. E passam a vivenciar somente as fantasias de cada um: suas energias estão orientadas para uma vivência sem sentido, para contatos inexpressivos, levando-os apenas para o nível do emocionalismo. Não refletem sobre a felicidade de estarem presentes em si mesmos e nos demais membros da família e de se tornarem os protagonistas iniciais de uma comunidade que conviva com o diálogo e o amor. Assim, agem de um modo irresponsável nessa união, com o esquecimento dos compromissos e do protagonismo no futuro lar. Deixam de descobrir o que significa uma existência a dois, não havendo se preocupado com isso nos tempos de namoro e de noivado, ocasionando a falta de preparo para o ato realizador. Ainda, nem se esforçaram para vivenciar um firme compromisso com os Encontros de Jovens ou o Curso de Noivos, pois estavam com a cabeça ocupada com fantasias.

Esses nubentes não se preocuparam, em momento algum, em compartilhar seu projeto de vida na "decisão" quanto ao futuro casamento. Podem até ter encolhido os ombros e, muitas vezes, deixado o parceiro ou a parceira tomar a dianteira, mas não quiseram se conscientizar de seus encargos.

Diante desse lamentável quadro, as consequências são previsíveis. Se os cônjuges não pensam em um diálogo sério nem em um amor verdadeiro ou em se tornarem os primeiros protagonistas, que exemplo de convivência oferecerão aos atuais e futuros membros da família? Estes se limitarão a copiar tais comportamentos, tornando-se pessoas idênticas que se fantasiarão com as lamentáveis máscaras da individualidade, do imediatismo ou da ausência quanto aos problemas existentes na família.

Ainda, muitos jovens de nossa era serão pessoas "sem infância", pois, em sua época de crianças, serão enviados, pelo simples motivo de ocupação de seus tempos, para diversas atividades, deixando-se os lindos tempos da meninice e juventude para trás. Eles não terão, assim, a coparticipação no diálogo, no amor e em uma sólida comunhão.

Ainda uma coisa a ser dita: os cônjuges, em uma idade mais avançada, vão conviver desesperados com os isolamentos, a falta de compreensão, o silêncio, os doloridos menosprezos, os individualismos e os imediatismos. E o casal passará a sentir um vazio, uma vida sem sentido, sempre pensando no que fizeram ou no que erraram, o que poderá conduzi-los à desesperança de uma plena renovação da vida familiar.

Em vista desses fatos, muitos Pastores vêm alertando, há muito tempo, que a realidade da existência de inúmeras separações e de muitos casais em situações especiais advêm do desconhecimento, por grande número dos que se casam, de que o matrimônio e a família fazem parte do Projeto de Deus e de que o convite é para realizá-lo no amor e na justa fidelidade até a morte (cf. IV Conferência Latino-Americana, p. 210-217).

O Pontifício Conselho para a Família reiterou esses mesmos acontecimentos colocando em relevo o fato de muitos Pastores da Igreja não terem assumido a responsabilidade tanto da preparação para o matrimônio como do abandono dos novos casais sacramentados.

E essas situações de desagregação das famílias e de novos divórcios permanecem até nossos dias. É verdade que tem havido esforços da ação evangelizadora para aprendizado, manutenção e retomada do ideal pleno do matrimônio com fundamento na importância de uma união ideal ou possível.

Existe, assim, a premência de uma ação efetiva de integração entre pastorais, movimentos e serviços em um trabalho coordenado para serem alcançados os momentos de formação e crescimento progressivo dos casais e demais membros da família:

> "Assim, no seio da comunidade eclesial se atuará um mútuo intercâmbio de presença e de ajuda entre todas as famílias, pondo cada uma ao serviço das demais, não só a própria experiência humana como também os dons da fé e da graça".
> (Familiaris Consortio, 69)

b) Protagonistas ou subordinados?

Afinal, o que existem nas famílias? Excelentes protagonistas ou insignificantes subordinados?

Essas situações devem ser enfrentadas pela ação evangelizadora e pelos cônjuges, estendendo-se aos demais membros. Como acentuado, todos devem atuar como construtores principais e nunca como elementos secundários. Como se proceder quanto a essas questões?

Uma efetiva atitude reside na procura da imitação do Mestre em buscar a evangelização por meio dos acontecimentos do dia a dia e, assim, o sentido divino do humano, como uma parábola.

A parábola é uma espécie de observação da realidade da vida para encontrar outra relacionada ao Reino de Deus. Jesus usava de histórias humanas para ilustrar seus ensinamentos:

"É preciso entender a parábola como sendo a apresentação de imagens tiradas das realidades terrestres para serem sinais das realidades reveladas por Deus".
(Vocabulário de Teologia Bíblica, 1992, p. 711)

Esse método apresenta desafios porque costuma evidenciar sinais de que o homem ou a família vivem tranquilos demais em suas decisões ou de que algo em sua vida não funciona bem.

A finalidade da parábola é colocar o ser humano e as famílias de ontem e de hoje na pista certa que os levem a reencontrar sua missão no Reino de Deus.

Para muitos, infelizmente, as parábolas se constituem apenas "em perguntas na cabeça", a fim de "enquadrar" os ensinamentos de Cristo. Porém a atitude de todos os protagonistas será procurar a luz que possa revelar o sentido verdadeiro dessas histórias:

> A parábola é como uma lâmpada que a gente coloca na mão de alguém: ele começa a examiná-la e a ver como funciona até descobrir que só se acende na hora em que for colocada na corrente elétrica. A história somente revela seu sentido pleno na hora em que for ligada ao Mestre. (Carlos Mesters, 1991, p. 199)

Enfim, elas valem, sobretudo, pela visão nova que abrem sobre a vida de cada dia; têm mais riqueza em forma de comunicação que a mera exposição teórica porque encerra uma imagem muito mais profunda de significação.

Uma das realidades do dia a dia veiculada por muitas agências de notícias ou pela televisão se refere, com muita frequência, aos problemas existentes em empresas quanto à relação profissional entre administradores e subordinados. Esse fato pode gerar uma comparação entre a realidade da vida e outra relacionada com o Reino de Deus.

As comunicações escritas ou televisionadas estão insistindo em uma motivação que possa corrigir o baixo desempenho do subordinado em uma empresa, indagando porque "fazem o que fazem". Muitas vezes os administradores acabam achando que a procura de respostas se torna quase impossível.

E eles insistem em conseguir que os subordinados façam, durante todo o tempo, o que deles se aguarda. E as reações não são as esperadas. Os motivos encontrados são os mais variados: os subordinados acham que seu trabalho não é importante, que não vale o esforço, que não querem praticá-lo ou que não têm nenhum motivo para sua concretização. A conclusão menos difícil, na base dos "achismos", é de que os subordinados não sabem a efetiva razão de executar diligentemente suas obrigações.

Muitas vezes, os administradores passam a optar pelo sistema de desempenho recompensado. Isso evidencia a prática de uma infeliz regra de beneficiar o subordinado que habitualmente reclama: em decorrência, essa repetição aumenta. Suas intenções serão enganosas porque objetivam somente as recompensas.

Outras vezes, os administradores imputam a falta de desempenho às limitações pessoais dos subordinados. Sempre estão procedendo assim para escaparem da culpa na condução das atividades ou para não quererem ser responsáveis pela correção dos problemas.

É importante lembrar que uma limitação pessoal do subordinado nem sempre constitui uma deficiência, pois pode resultar de falhas decorrentes do aprendizado. Um dos maiores erros dos administradores é tratar situações de "não conhecer" como "limitações pessoais" do subordinado.

Uma boa notícia para a resolução desses problemas passou a funcionar com excelentes perspectivas para os administradores eficientes: o bom relacionamento com os subordinados. Assim, ficou patente que o sucesso do administrador e o desempenho do subordinado no trabalho estão diretamente ligados à cooperação que passou a existir. E, desse modo, sendo também os subordinados convocados para diversas colaborações em um trabalho ou um projeto, seus desempenhos evoluem muito. Ambos, administradores e subordinados, passam a entender o valor da coparticipação.

Oportuno que essa realidade humana seja também experimentada pela ação evangelizadora como uma excelente contribuição ao desempenho cristão dos membros de uma família: poderia ser denominada "A Parábola dos Protagonistas".

Infelizmente, em muitas famílias, vem ocorrendo uma triste relação entre os cônjuges e demais componentes que conduz à deplorável existência de "administradores" e "subordinados".

Esta é a primeira questão: só poderá haver, para a existência real de uma família, a presença única dos protagonistas.

Todos os membros de uma família deveriam ser tratados com idêntica importância porque se constituem nos artífices da construção de uma comunidade. Se houver uma postura de companheirismo, de diálogo, de disponibilidade, de calor humano e amor, poderão exercitar seus deveres e uma feliz cooperação. Assim, não podem existir administradores vazios e subordinados desmotivados.

As eventuais "limitações pessoais" devem ser sabiamente consideradas, pois algumas delas podem se manifestar pela pouca idade ou pela ausência de um exemplo de vida. Mas tais circunstâncias podem ser supridas por meio de um sábio discernimento. Não importam as idades, pois, muitas vezes, os mais novos costumam surpreender com oportunas colocações.

A recompensa por um desempenho também costuma destruir a família. Muitos pais querem comprar o comportamento dos filhos com agrados, passeios, presentes, tênis de última geração, roupas, celulares, não percebendo que, em vista desse tratamento, se tornarão subordinados ou insubordinados por toda a vida.

Ainda, muitos cônjuges passam a interpretar as lamentáveis atuações de seus filhos como ausência de uma sólida formação na escola, considerando suas limitações pessoais como deficiências causadas pela "incompetência" dos mestres ou pelas "suspeitas" amizades de parte dos companheiros de classe. A ausência de uma efetiva educação no lar nem passa por suas considerações.

A ação evangelizadora se preocupa com todas essas infelizes evidências e envida esforços para acolher todas as famílias no suave aprisco da Igreja.

Os que compreenderem o tesouro escondido em uma família, que se traduz na existência de fiéis protagonistas e em uma ausência de atitudes limitadas, não devem se desesperar por achar que nunca mais poderiam influir no desempenho humano e cristão dos membros.

Não podem desistir e, sim, voltarem-se para a descoberta da verdade sobre si e sobre os demais componentes, procurando criar, com calma e discernimento, um renovado diálogo.

Certamente o tronco comunitário, que parecia serrado, voltará a brotar e a crescer, trazendo para todos a energia restauradora.

Os filhos e demais membros da família não podem se considerar como meros receptores de atenções e favores, mas sim como autênticos protagonistas, procurando contribuir com sua produtiva experiência ou sua sensibilidade responsável apreendidas nos tempos passados e que formam o presente e formarão o futuro.

Todos estão convocados para essa finalidade: os pais, os filhos, os avós, os netos, os tios e as outras pessoas do convívio familiar.

Tudo é possível nos caminhos da vida e na desejada participação diligente e solidária de todos os familiares, que serão iluminados pelo Espírito Santo:

"O que nos resta dizer? (...) Se Deus está a nosso favor, quem estará contra nós?"
(Rm 8,31)

13
Instrumentos para uma nova evangelização

a) Considerações gerais

O Dicionário Aurélio, entre muitas indicações, vem oferecer uma definição de "Instrumento":

> "Um recurso empregado para se alcançar um objetivo, para conseguir um resultado, um meio para tal desígnio".
> (Dicionário Aurélio, p. 1.168)

A História Sagrada apresenta, desde o Antigo Testamento até nossos dias, a menção de muitos instrumentos usados por Deus para seus desígnios de evangelização.

Ele providenciou o início dessas realidades com nosso pai Abraão:

> "Javé disse a Abraão: saia de sua terra, do meio de seus parentes e da casa de seu pai e vá para a terra que eu te mostrarei (...) Eu farei de você um grande

povo e o abençoarei; tornarei famoso seu nome de modo que se torne uma bênção".
(Gn 12,1-2)

Com Jacó, denominado mais tarde "Israel", o Senhor procedeu de modo semelhante:

"Não tenha medo de descer ao Egito,
porque lá farei de você uma grande nação".
(Gn 46,3)

Outro grande instrumento foi Moisés, encarregado da libertação do povo israelita das mãos dos egípcios:

"Eu envio você ao Faraó para tirar do Egito
meu povo".
(Êx 3,10)

Depois, Deus enviou os profetas encarregados da evangelização do povo de Deus, principalmente nos tempos dos Reis, que até levaram a idolatria para Israel. Eles se desdobraram para transmitir o anúncio do Senhor a um povo de "pescoço duro".
A importância da vocação profética está na plena experimentação da transcendência e da santidade de Javé:

"Ouvi, então, a voz do Senhor que dizia: quem é que vou enviar? (...) Eu respondi: aqui estou, envia-me (...) E Ele me disse: Vá".
(Is 6,8-9)

Há ainda que se referir à atividade de renomados homens que tiveram a incumbência, iluminados pelo Espírito Santo, de registrar todas as manifestações de Deus no Antigo Testamento. E foi com a luz do Antigo Testamento que os primeiros cristãos compreenderam o significado da pessoa e da atividade de Jesus e produziram, pouco a pouco, os escritos do Novo Testamento.

Mais tarde, enviou os apóstolos e todas as pessoas que queriam se integrar como seus instrumentos:

> "O Espírito Santo descerá sobre vocês e dele receberão forças para serem minhas testemunhas (...) até o extremo da terra".
> (At 1,8)

b) A renovação na evangelização da família

Depois de todos esses eventos, que Deus inseriu na História da Salvação, necessária se torna, em nossos dias, a visão dos meios para se atingirem os desígnios quanto à construção da família e à formação de seus protagonistas.

Como relatado, essa missão oferece subsídios à Igreja, revigora sua fé e identidade, dando-lhe novo entusiasmo, novas motivações e nova dinâmica.

O Concílio já tinha estabelecido a pretensão de uma renovação da atividade da Igreja de acordo com as necessidades de seus membros, insistindo em seu caráter missionário.

Enfim, sua tarefa fundamental é a de dirigir o olhar do homem e orientar a consciência familiar para o mistério de Cristo e, em particular, para todos aqueles que se sentem chamados ao matrimônio ou para ele se preparam.

Assim, a Igreja tem o ônus de levar o conhecimento da verdade sobre o matrimônio e a família e da urgência do anúncio do Evangelho.

Por sua vez, como uma das maiores instituições da Igreja, a família se esforçará para construir, por meio dos protagonistas, sua natureza e missão especiais, para se colocar realmente como uma referência concreta de uma nova ação evangelizadora.

O matrimônio e a família não podem se influenciar pelos hábitos e pelas meras tradições, alimentando-se de venalidades, de ilusões, da falta dos deveres correlatos, da ineficaz solidificação da união, da ausência de um recíproco suporte.

Ao contrário, devem ser o espelho de uma comum felicidade, do estabelecimento de um projeto de vida, da renovação dos namoros e noivados, da efetiva convivência com o diálogo e o amor, de um preparo anterior para o matrimônio, da construção de instrumentos para a Igreja.

Para isso, São Paulo VI veio ensinar os múltiplos elementos da evangelização:

"A renovação da humanidade, o testemunho, o anúncio explícito, a adesão de coração, a entrada na comunidade, a aceitação dos sinais e as iniciativas de apostolado".
(Evangelii Nuntiandi, 24)

E o digno Pontífice insiste na preocupação de um método definido de evangelização:

> É esta visão global que nós intentamos apresentar seguidamente, examinando o conteúdo da evangelização, os meios para evangelizar e precisando a quem se destina o anúncio evangélico e a quem é que incumbe hoje esta tarefa de evangelização.
> (Evangelii Nuntiandi, 24)

c) Os instrumentos

Desse modo, é oportuna a exposição dos importantes instrumentos para essa nova evangelização: essa amostragem será efetuada em ordem alfabética, já que todos possuem um papel essencial no caminho missionário da Igreja. E essa providência será concretizada por meio de uma exposição resumida de seu conteúdo e dos principais setores: somente nos dois capítulos seguintes serão detalhadas as dinâmicas.

Seguindo a ordem referida, o início dessas singelas considerações se dará com a pastoral bíblico-catequética.

1. A pastoral bíblico-catequética

A catequese significa educar, ensinar, proclamar, anunciar: esse ensino, essa proclamação e esse anúncio são atos *essencialmente* eclesiais. Ela é um procedimento formativo, sistemático, progressivo e permanente de educação na fé que promove o aprofundamento gradativo da iniciação cristã, a valoração do Evangelho, o incentivo ao conhecimento da religião e a participação comunitária.

Essa iniciação na vida cristã se manifesta pelos setores e subsetores que normalmente são os seguintes:

– O Amadurecimento na Fé
   a) A preparação dos futuros pais (Concepção)
   b) O acolhimento dos pais e padrinhos
   c) A preparação para o Batismo
   d) O acompanhamento Pós-Batismo
   e) A pré-catequese
   f) A preparação para a 1ª Eucaristia
   g) A perseverança Pós-Eucaristia
   h) A preparação para a Confirmação ou Crisma

– Os Noivos
– Os Adultos
– O Catecumenato

A CNBB oferece a todos uma eficaz visão do que significa a iniciação da vida cristã:

> "É um nascer, um iniciar do modo de viver que desperta a plenitude, a plena maturidade (...) É Cristo que desperta e reveste de vida nova a pessoa que dele vive, acompanhando o iniciante em seu itinerário".
> (CNBB, doc. 107)

De outro lado, esta pastoral se desenvolve por meio de escolas de formação, proporcionando aos catequistas o competente conteúdo para se tornarem agentes pastorais e sinais do anúncio do Reino de Deus na comunidade, viabilizando uma escola de formação integral (cf. CNBB, doc. 87, 64).

A pastoral bíblico-catequética se realizará como uma comunhão de amor e serviço para que seus setores possam ser para os discípulos os transmissores da esperança e da plenitude de vida:

> "Eu vim para que tenham vida e a tenham em abundância". (Jo 10,10)

2. A pastoral da educação

O fundamento de toda educação é a busca constante das pessoas pela sua própria identidade e pela aquisição de meios para uma atuação transformadora na sociedade.

Educar não é transmitir aos outros a forma de ser homem, e sim o esforço de cada um para fazer-se homem.

A educação, na compreensão da Igreja, é um processo histórico e social que envolve a pessoa toda e todas as pessoas, alcançando o ser humano em suas dimensões fundamentais.

Ela impulsiona o efetivo desenvolvimento de suas potencialidades e capacidades, respeita sua dignidade e realização como criatura de Deus. Além disso, desenvolve o "aprender a conhecer", o "aprender a fazer", o "aprender a viver juntos", o "aprender a ser"...

Desse modo, a educação é um empenho do homem e da sociedade visando:

a) à humanização da pessoa humana em toda sua trajetória de vida;
b) ao desenvolvimento das dimensões da pessoa humana na relação consigo mesma, com os outros, com a natureza e com Deus;
c) à harmonização das potencialidades humanas, colocando-as a serviço do bem comum.

É, enfim, a cidadania em sentido amplo (cf. CNBB, doc. 41, 22-23).

Os setores e subsetores da pastoral são os seguintes:
– Evangelização de seu Mundo da Educação
   a) Formação dos Educadores
   b) Formação dos Educandos

– Legislações, Subsídios e Técnicas
   a) As Legislações e a Adequação
   b) Os Subsídios para a Formação dos Professores
   c) Os Subsídios para as Atividades Escolares
   d) As Técnicas para o Ensino Religioso

– O Ensino nas Escolas Católicas
   a) A Formação Secular e Religiosa dos Professores
   b) A Formação Secular e Religiosa dos Alunos

Essa pastoral visa, assim, a uma introdução gradativa do educando no mistério da salvação. É uma complexa missão de tornar, dia a dia, os jovens conscientes do dom da fé para produzirem os frutos desejados:

> "Ergam os olhos e olhem os campos:
> já estão dourados para a colheita".
> (Jo 4,35)

3. A pastoral familiar

A pastoral familiar trata de uma realidade, a família, que abarca toda a vida do ser humano, desde sua concepção até a morte, passando por diversas fases da existência humana.

Desse modo ela não se restringe a uma determinada situação, dirigindo-se a todos os aspectos da vida.

A pastoral familiar se insere, de maneira admirável, na ação pastoral de toda a Igreja: é evangelizadora, profética e libertadora, anunciando o Evangelho do amor filial, conjugal, familiar e comunitário, bem como o valor do Sacramento do Matrimônio e da Família como sujeitos de transformação da sociedade (cf. CNBB, doc. 65, 15-16).

A pastoral familiar colocará a família como fermento na massa, como luz que ilumina as trevas da modernidade e como vida que vence os sinais de morte na realidade atual dos casamentos e da família.

Os setores e subsetores de atuação são os seguintes:
- Setor Pré-Matrimonial
   a) Preparação Remota: Batismo, Crisma, 1ª Eucaristia, Jovens
   b) Preparação Próxima: Namorados
   c) Preparação Imediata: Curso de Noivos e Planejamento Familiar.

- Setor Pós-Matrimonial
   a) Recém-Casados
   b) Cursilho de Cristandade, Encontro de Casais com Cristo, Focolares, Equipes de Nossa Senhora, Grupos de Rua, Missões Populares

- Casos Especiais
   a) Uniões Experimentais, Uniões Livres e Uniões somente no Civil
   b) Uniões Mistas, Uniões com Disparidade de Cultos
   c) Separados, Viúvos, Monoparentais (Pais e Mães Solteiras)
   d) Casais em 2ª união (cf. João Bosco e Aparecida de Fátima, p. 95-122)

Enfrentamos em nossos dias uma luta histórica em que se expõe o futuro da humanidade, que tem como referência a família, essa pequena Igreja Doméstica, e a missão de anunciar o Evangelho do diálogo e do amor.

A família não é só uma boa notícia. É uma grande notícia, que oferece vida e esperança à Igreja e à sociedade:

> "O anúncio cristão que diz respeito à família é deveras uma boa notícia".
> (Amoris Laetitia, 1)

4. A pastoral vocacional

Vocação é o chamado do Senhor que objetiva a realização plena da pessoa humana e o estabelecimento do Reino de Deus. É um gesto gracioso do Pai, dirigido à humanização do homem, criado a sua imagem e semelhança.

Toda pessoa é convocada por Deus em razão da comunidade e essa eleição se manifesta, em nosso dia a dia, em ministérios com diferentes responsabilidades. As mensagens do Evangelho são convites contínuos para seguir Cristo:

> "Vem e segue-me".
> (Mt 9,9; Mc 8,34; Lc 18,22; Jo 8,12)

A pastoral vocacional é um modo de fazer com que cada cristão perceba que sua vida, guiada e impulsionada pelo Espírito de Deus, é um presente e uma graça para a comunidade. O cristão amadurecido, nessa reflexão e nesse conhecimento, torna-se, com seu carisma, de grande importância no serviço da Igreja, podendo expressá-lo nos diversos ministérios.

Ela sedimenta no cristão a consciência de sua pertença a Cristo, fazendo com que seja levado, em razão de uma concreta experimentação, ao compartilhamento desse acontecimento em sua vida (cf. Documento de Aparecida, 145).

A Igreja, por meio dessa pastoral, sabe que sua mensagem coincide com as aspirações mais íntimas do coração humano quando expressa a dignidade da vocação, restituindo a esperança àqueles que já desesperavam de uma caminhada eclesial (cf. Gaudium et Spes, 21).

Por essa ação pastoral, Cristo manifesta plenamente o homem ao próprio homem e faz com que descubra sua altíssima vocação. A pessoa humana é levada a compreender que é capaz de ir ao encontro de sua perfeição na busca e no amor da verdade e do bem (cf. Catecismo da Igreja Católica, 1.701-1.704).

Os setores e os diversos subsetores da Pastoral Vocacional são os seguintes:

– Setor laical
  a) Os solteiros
  b) Os casados
  c) As famílias
  d) Os consagrados

– Setor para o Ministério Ordenado
  a) Os bispos
  b) Os presbíteros
  c) Os diáconos

– Setor Religioso
  a) Os religiosos
  b) As religiosas

– Setor Missionário
  a) Os missionários diocesanos
  b) Os missionários paroquiais

São João expressa a vivência concreta dos vocacionados:

"E os agentes e os vocacionados se sentem em 'um rio de água viva'". (Jo 7,37-38)

E Frei Elias Vella vem ressaltar mais essa experiência:

"Esse rio resulta do ministério do Espírito (...) Ele torna as correntes mais abundantes, dando a oportunidade de todos os cristãos nadarem através de experiências novas, treinando os músculos pelos carismas, pelos dons, pelos ministérios, pelos frutos".
(2005, p. 261-264)

14
Uma efetiva dinâmica

a) Uma nova visão

A riqueza da missão pastoral e a necessidade de uma nova evangelização vêm acentuar a importância de uma nova visão quanto aos adequados métodos para uma dinâmica que será buscada e cultivada, a fim de resultar na preparação da família e no pleno aprimoramento de seus valores.

A falta de uma adequada evangelização, o desconhecimento ou o desprezo dos valores fundamentais da família e seus protagonistas, a descristianização e a crise de fé estão solicitando aos Pastores e a toda a Igreja um empenho urgente na busca, implantação e no cultivo de uma vida cristã.

Assim, essa atenção especial deve ser dada como ponto de partida para uma nova evangelização que coloque em prática o diálogo, o amor, a disponibilidade, a misericórdia e os itinerários concretos que levem à fé como experiência pessoal e familiar.

Trata-se de uma evangelização ancorada em uma atitude renovada que conduza as pessoas a uma opção consciente por Cristo e pela Igreja e a uma vivência do Batismo, que faça surgir, espontaneamente, os frutos da ação do Espírito Santo, os carismas e os serviços necessários para haver uma vida em plenitude nas famílias.

Assim, a meta será a promoção de uma nova mentalidade pastoral e de um relacionamento entre os agentes em busca de uma visão que não rotule ou afaste as famílias, a fim de que seus protagonistas sejam acolhidos e ajudados a caminhar entre "as luzes e as sombras".

Esse acolhimento e respeito não poderiam significar "não se levar em conta" a doutrina da Igreja, que ela administra segundo a vontade do Senhor, mas em conduzir, em uma ação pastoral gradual, as famílias e seus protagonistas para a libertação e a felicidade e, não, a limitações como no tempo de Cristo (cf. Mc 7,1-13).

Há urgência de se investir nos processos de evangelização e na formação dos fiéis para que tenham a luz e o discernimento na vida familiar por meio de uma fértil conscientização.

Essa nova visão conduzirá a um compartilhamento de valores, uma comunidade familiar e um itinerário espiritual na qual seus membros realizem a alegria do diálogo e do amor:

> "A alegria do amor que se vive na família
> é também o júbilo da Igreja".
> "O desejo da família permanece vivo nas novas
> gerações".
> (Amoris Laetitia, 1)

Bento XVI já se manifestara com insistência:

"O anúncio evangélico deve assumir toda a amplitude da realidade, e a tarefa do anúncio é soletrar de tal modo o alfabeto do mundo que se torne um discurso sobre Deus." (Dogma e Anúncio, 103)

A visão de uma nova evangelização está, assim, diretamente relacionada com sua dinâmica.

Mais ainda: uma nova evangelização é sinônimo de uma nova dinâmica que consistirá na demanda dos meios adequados para uma pastoral da família adaptada aos caminhos da Igreja.

Diante dessas considerações, essa nova ótica conduz à evidência de que muitos casais cristãos nem sempre souberam se manter sem mácula, tendo em vista os obstáculos que tentam obscurecer os plenos valores do matrimônio e da família:

"Eles não sabem pôr-se como consciência crítica da cultura familiar e como sujeitos da construção de um humanismo familiar autêntico".
(Familiaris Consortio, 7)

b) Uma concreta integração

A evangelização é, pois, uma diligência complexa, em que seus elementos podem se mostrar aparentemente contrastantes. Não deve ser assim na vivência pastoral:

> Na realidade, porém, eles são complementares e reciprocamente enriquecedores uns dos outros (...) É necessário encarar sempre cada um deles em sua integração com os demais (...) Consiste na repetição constante do convite para unificar seus elementos e não fazer com que se oponham entre si, a fim de se ter a plena compreensão da atividade evangelizadora da Igreja. (Evangelii Nuntiandi, 24)

São Paulo VI ainda esclarece:

> "Não é supérfluo, talvez, recordar o seguinte: evangelizar é, em primeiro lugar, dar o testemunho, de uma maneira simples e direta, do Deus revelado por Jesus Cristo no Espírito Santo".
> (Evangelii Nuntiandi, 26)

O cardeal Kevin Farrel, presidente do novo Discatério para os Leigos, Família e Vida, responsável pela Comunicação da Super-Região das Equipes de Nossa Senhora e lembrado pelo casal Cristiane e Brito, reiterou a necessidade da comunhão de todo o Povo de Deus e de todas as famílias (cf. Carta Mensal, n. 510, 2017, p. 15).

A proclamação da Palavra de Deus pela Igreja é decisiva para a fé do cristão e dos protagonistas na família porque ela representará o livre acolhimento do anúncio salvífico da pessoa de Cristo, possibilitado pela ação do Espírito Santo:

"Não se começa a ser cristão por uma decisão ética ou uma grande ideia, mas por meio do encontro com um acontecimento, com uma Pessoa, que dá um novo horizonte à vida e, com isso, uma orientação decisiva".
(CNBB, doc. 87, 61)

Deus quis deixar ao homem o poder de decidir para que assim procure espontaneamente seu Criador:

"O homem constrói sua dignidade quando caminha para seu fim pela procura eficaz dos meios aptos com diligente aplicação".
(Gaudium et Spes, 17)

Por isso a promessa de Jesus a sua esposa, a Igreja, tem de ser o modelo cristão para a atividade de todos os agentes de pastoral:

"Se cultivarmos juntos esses valores ao construirmos nosso casal, poderemos melhor perceber que Jesus caminha conosco".
(Espiritualidade Conjugal, 2007, p. 27)

Alteraram-se os valores, os modelos, as alegrias e as esperanças, as tristezas e as angústias dos homens e das famílias. Então, eles devem ser convidados a sair, a escutar e a servir, em uma mudança fundamental. Por isso os agentes pastorais considerarão todas essas coisas e demandarão uma real integração para que seja oferecida uma mensagem cuidada, elaborada, planejada, formativa e construtiva:

> Voltando-se, assim, para a "Samaria" de nossos dias, como fez Jesus, abrem-se novos espaços, livres, críticos, comunitários e fraternos, onde a fé cristã possa emergir na busca de mais humanidade e de melhor qualidade de vida que responda, com um profetismo especial, às necessidades de nossa realidade. (CNBB, doc. 107, 51)

c) A comunhão dos agentes

Em 2007, a diocese de Jundiaí, na Reunião Geral do Clero, reconheceu a necessidade da ação, integração e comunhão missionárias:

> A Diocese, as Regiões Pastorais e as Paróquias se propõem buscar uma maior organização eclesial e pastoral para que possa cumprir sua missão evangelizadora (...) Entre os objetivos específicos, insiste-se na integração e na articulação das pastorais, dos movimentos, das associações e dos agentes em uma ação concentrada de evangelização. (O Verbo, p. 9)

Infelizmente, os organismos ou setores pastorais tendem à prática de várias situações descritas, com rara precisão, por São Paulo VI:

> A tentação de uma contestação sistemática e de um espírito hipercrítico, sob o pretexto da autenticidade (...) O posicionamento ilusório como se fossem os únicos destinatários e agentes da evangelização ou os únicos depositários do Evangelho (...) O afastamento do espírito de unidade, que deve nortear as atividades afins, os sistemas e a consolidação pastoral (...) A falta de compreensão da missão atribuída aos setores na organização pastoral em virtude de eventual desconhecimento do contexto ou de falhas possíveis na organização (...) A ausência de corresponder a sua vocação mais fundamental, ou seja, de ouvintes do Evangelho e destinatários privilegiados da Evangelização (...) A inexistência de uma comunhão sincera com os Pastores que o Senhor dá a sua Igreja, e, também, com o Magistério que o Espírito confiou (...) (Evangelii Nuntiandi, 58)

Esse Pontífice vem sublinhar a maturidade do agente missionário:

> "Como evangelizadores, nós devemos apresentar aos fiéis de Cristo não a imagem de homens divididos, mas sim de pessoas amadurecidas na fé, capazes de se encontrarem para além de tensões que se verifiquem, graças à procura comum, sincera e desinteressada da verdade".(Evangelii Nuntiandi, 77)

Em vista disso, o que se entende por uma autêntica Comunhão?

O Concílio apresenta várias imagens da Igreja: Ela é "um redil" (Jo 10,1-10); "a grei", da qual Deus é seu Pastor (Is 40,11; Ez 34,11); "a lavoura" (1Cor 3,9); "a construção de Deus" (1Cor 3,9); "a Jerusalém Celeste" e "Nossa Mãe" (Gl 4,26; Ap 12,17); "a esposa imaculada" do Cordeiro (Ap 19,7; 21,2) (cf. LG, 6).

Essas imagens bíblicas nos introduzem na contemplação do mistério da Igreja, na concreta realidade da Igreja-Comunhão e na dimensão da comunhão dos cristãos com Cristo e entre si:

"A realidade da Igreja-Comunhão representa o conteúdo central do plano divino de salvação da humanidade. Igreja-Comunhão é o povo 'novo', o povo 'messiânico', constituído por Cristo em uma comunhão de vida, de caridade e de verdade"...
(Christifideles Laici, 19)

Por isso haverá a necessidade do testemunho de comunhão e de uma valoração do aspecto comunitário da Igreja:

"Os Pastores devem acolher, valorizar e orientar os agentes, ajudando seus membros a viverem sua própria espiritualidade e a se abrirem aos desafios da atual conjuntura". (CNBB, doc. 87, 139)

d) A nova dinâmica: o diálogo e o amor

Desse modo, a ação evangelizadora da Igreja se esforçará a caminhar nas sendas de um planejamento, organização e participação.

É verdade que todos os setores, dentro de seus carismas, são importantes, mas é necessário estarem reunidos na solidariedade. Esta conduzirá os agentes pastorais, dentro da pluriformidade dos dons, a uma sólida unidade.

Por isso a oportuna necessidade de uma concreta articulação entre os agentes para se chegar a uma realidade de comunhão entre os protagonistas em uma família:

> "As palavras convencem, mas os exemplos arrastam". (Da sabedoria popular)

Os instrumentos que mais se relacionam com a integração entre os vários protagonistas na família já foram mencionados no capítulo anterior: as Pastorais Bíblico-Catequética, da Educação, Familiar e Vocacional.

Elas precisam reunir as ações de seus setores e subsetores levando-as a uma necessária perspectiva de ação evangelizadora quanto ao diálogo e ao amor.

Assim, os agentes serão conduzidos a realizarem um intercâmbio evangélico, evitando as concorrências inconsequentes ou as posições autônomas e insistindo na demanda de integração na pastoral específica.

Karl Ranhner mostrou o valor de um comum posicionamento:

> "Eu penso que, em uma espiritualidade do futuro, o elemento da comunhão espiritual fraterna, de uma espiritualidade vivida em conjunto, pode desempe-

nhar um papel mais determinante e que, lenta, mas decididamente, se deva prosseguir nesse caminho".
(1992, p. 367-368)

Os Padres da Igreja vêm alertando que não há mais espaços para paralelismos, atividades separadas e ausência de conjunto. São importantes, sem dúvida, as atividades dentro de seus carismas, mas devem estar irmanadas na solidariedade que conduz a uma autêntica unidade de magistério e ministério.

O papa Bento XVI dispõe com propriedade

"A Igreja é uma só; se os movimentos são realmente dons do Espírito, eles pertencem e servem à Igreja e, no diálogo paciente entre as pastorais, serviços e movimentos, nasce uma forma fecunda em que esses elementos se tornam edificantes para a Igreja do presente e do futuro".
(Perguntas e Respostas, p. 106)

Reiterou a V Assembleia Diocesana de Pastoral da diocese de Jundiaí, SP, 2000, que, entre as ações necessárias para a implantação da unidade, da diversidade e da solidariedade, está em primeiro lugar o aprendizado do diálogo no interior da Igreja.

De uma maneira concreta, seria recomendável a providência dos diversos setores e subsetores das mencionadas pastorais para uma ação paciente no diálogo e amor, que é o alicerce da participação conjunta para a formação e o desenvolvimento dos protagonistas na família.

Assim, qual o elo comum que ocasionará essa esperada comunhão entre os agentes dos vários setores e subsetores das pastorais e irá gerar a desejada evangelização da família e de seus protagonistas?

A resposta será a diligente integração dos agentes respectivos no Diálogo e no Amor: com essa ação se concretizará a valoração dos membros da família como complementos uns dos outros e suportes recíprocos na alegria e na tristeza, na saúde e na doença, na humanidade e na espiritualidade.

Desse modo, as pastorais se endereçarão para a diligente consecução do desenvolvimento e da constituição das famílias.

Poderiam acontecer algumas interrogações de parte dos setores ou subsetores das aludidas pastorais:

1. "Se nos endereçarmos a essa ação conjunta quanto ao Diálogo e Amor no âmbito de nossas pastorais, o que sucederá com a ação específica no setor ou subsetor?"

2. "Por exemplo, deixaremos com isso de acentuar nossas atividades específicas quanto ao Batismo, quanto à 1ª Eucaristia ou Crisma (Pastoral Bíblico-Catequética), quanto à Educação dos Educadores ou dos Educandos (Pastoral da Educação), quanto aos Namorados, Curso de Noivos ou Casais em Segunda União (Pastoral Familiar), ou quanto ao Setor Laico (Pastoral Vocacional)?"

De nenhuma maneira, as atividades específicas de cada setor ou subsetor serão exercitadas plenamente em sua pastoral respectiva, pois não perderão seus carismas nos caminhos da evangelização.

O que se deve acentuar é que, além de suas funções normais e a exemplo dos setores da família (casal, jovens e anciões), conforme colocado anteriormente, a continuada menção da importância do Diálogo e Amor se constituirá no "algo mais" da ação desses setores ou subsetores. Esse "algo mais" reunirá, como acontece nas famílias, os setores ou subsetores em uma ação conjunta no âmbito das pastorais referidas, o que conduzirá a uma maravilhosa comunhão.

A Pastoral Bíblico-Catequética terá como elementos marcantes os subsetores do "Amadurecimento na fé" para a progressiva caminhada dos futuros protagonistas no diálogo e no amor:

"Os processos de iniciação supõem uma Igreja em estado de permanente missão dedicada não somente ao anúncio (falar), mas também à busca de caminhos que consolidem a vida cristã".
(CNBB, doc. 107, 65)

Por sua vez, o Documento de Aparecida vem acentuar:

"Para a Igreja impõe-se a tarefa irrenunciável de oferecer uma modalidade operativa de iniciação cristã que, além de marcar o "que", também dê elementos para o "quem", o "como" e o "onde" se realizam".
(n. 287)

A Pastoral da Educação se voltaria notadamente para os subsetores da "Educação dos Educadores" e "Educação dos

Educandos", tanto para a educação formal como não formal nas vias do Diálogo e do Amor.

Além disso, poder-se-ia solicitar para essas providências a coparticipação da Pastoral do Ecumenismo.

A Pastoral Familiar nortearia seus setores e subsetores no sentido de uma integração na amostragem do valor do Diálogo e Amor no lar, assim como de sua real aplicação no matrimônio cristão.

A Pastoral Vocacional acentuaria no "Setor Laical" as excelências do Diálogo e Amor nas famílias. O itinerário vocacional supõe um eficiente método que se desenvolve por meio de um caminho e de etapas sucessivas, permitindo que os membros da família tomem a devida consciência de seus realizadores carismas:

> "São, pois, estágios capazes do oferecimento aos vocacionados de condições sérias e oportunas para a maturidade em seu ministério específico".
> (José Lisboa Moreira de Oliveira, 2003, p. 83-84)

Assim, a importância do diálogo e do amor se manifestará em todos os momentos da comunidade eclesial, tanto para os agentes pastorais como para os futuros cônjuges ou sacerdotes.

Desse modo, a Pastoral Vocacional poderia desenvolver uma progressiva preparação com os membros da família quanto ao Diálogo e Amor em vista aos futuros contraentes dos sacramentos do Matrimônio e da Ordem, que são justamente a expressão do serviço amoroso, pois neles a pessoa é chamada ou vocacionada a ser e estar para os outros:

> Podemos dizer que os dois sacramentos, juntos, poderão melhorar e manifestar a imagem do amor com o qual Deus ama a humanidade (...) Deus ama a humanidade e é exemplo para um casal que se ama e ama sua família (...) E é exemplo para um sacerdote que se consagra a Ele para amá-lo e a sua Igreja, povo de Deus, família das famílias. (Carta Mensal, 511, 2017, p. 16)

Como já assinalado, o Diálogo é a estrada do Amor. Sem ele não existirá o amor. Todos os que costumam dizer ou aparentar que amam e não exercitam o Diálogo, na vida pessoal ou eclesial, verdadeiramente não vivem o Amor.

Essa verdade enuncia que o homem não poderá se encontrar plenamente se não por um dom sincero de si mesmo. O diálogo não é, portanto, apenas uma troca de ideias, pois necessariamente se constituirá "em um intercâmbio de dons". Ele é a passagem obrigatória do caminho a ser percorrido para a autorrealização do ser humano como indivíduo ou comunidade de pessoas: isso deveria ser sempre o norte dos agentes pastorais e dos protagonistas na família. O diálogo também é um instrumento natural para confrontar pontos de vista e examinar as divergências que são obstáculos à plena comunhão.

Enfim, o Mestre veio a nos ensinar o verdadeiro sentido do diálogo não só por meio de palavras, mas principalmente por seu exemplo, mais como um receptor que um interlocutor. É a amostra prática do valor do "ouvir compreensivo".

A vida familiar, assim, é um novo projeto de vida, mas que requererá os primeiros passos de aproximação mediante os quais a pessoa aprenderá e passará à prática do diálogo e do amor:

> "São necessárias a perseverança, a docilidade à voz do Espírito, a sensibilidade aos sinais dos tempos, as escolhas corajosas e a paciência, pois se trata de um novo paradigma" (...)
> (CNBB, doc. 107, 9)

No Evangelho existem exemplos do agir de Cristo quanto ao diálogo e ao amor. Um deles foi indelevelmente a empolgante narração de seu encontro com a Samaritana em uma conversa profunda e fundada na verdade, com o desabrochar de muitas esperanças e o completo respeito pela pessoa e suas buscas.

Da mesma maneira que aconteceu com as pessoas do local, isso pode se realizar com os Protagonistas da família em virtude dos exemplos consistentes de diálogo e de amor praticados pelos agentes evangelizadores:

> "Agora, nós mesmos ouvimos e sabemos que este é, de fato, o salvador do mundo".
> (Jo 4,42)

15
A organização pastoral

a) O ministério

A necessidade de uma nova evangelização veio acentuar a nova visão de uma efetiva dinâmica.

Trata-se de uma ação alicerçada em uma atitude renovada que conduz as pessoas a uma opção consciente por Cristo e pela Igreja, fazendo surgir os férteis frutos da ação do Espírito Santo.

O Concílio Vaticano II orientou um adequado caminho:

> Um concílio conscientemente pastoral parte do princípio de que a doutrina nos foi dada para ser vivida, para ser anunciada às almas, para demonstrar sua virtude salvadora na realidade histórica; que é preciso unir a ação da inteligência à da vontade, o pensamento ao trabalho, a verdade à ação, a doutrina ao apostolado, o magistério ao ministério! (Compêndio do Vaticano II, 1996, p. 9)

Ele veio trazer uma profunda renovação, notadamente quanto ao ministério pastoral e à coparticipação dos agentes na ação evangelizadora:

"Ainda que alguns, por vontade de Cristo, sejam constituídos mestres, dispensadores dos mistérios e pastores em benefício dos demais, reina, contudo, entre todos a verdadeira igualdade quanto à dignidade e à ação na edificação do Corpo de Cristo!" (Lumen Gentium, 32)

São João Paulo II mostra os frutos missionários do Concílio:

"Está se afirmando uma nova consciência de que a missão compete a todos os cristãos e a todas as dioceses, paróquias, instituições e associações eclesiais!" (Redemptoris Missio, 2)

Porém, como lembrou São Paulo VI, esse desabrochar dos ministérios está sendo ameaçado em seu desempenho por evidentes problemas que dificultam a ação evangelizadora, gerando dificuldades concretas na transmissão dos valores e uma triste distorção da ideia de liberdade, inclusive na família e eventuais protagonistas.

Essas realidades aparentam ser muito grandes e mais complexas que as de um passado não demasiadamente distante. Tudo isso coloca à prova os homens bem-intencionados e a desejada primavera familiar. Por isso a necessidade de uma nova evangelização nesses caminhos por meio de novos métodos e novas expressões:

> Em nosso País, como em geral na América Latina, embora haja situações muito diversificadas, não há dúvida de que uma nova evangelização é imprescindível. Ela será inspirada pela consciência das exigências de evangelização que a Igreja adquiriu nas últimas décadas, mas deverá também prestar contínua atenção às mudanças que vão acontecendo e aos novos desafios que surgem. (CNBB, 62, 51)

Qual a explicação para o alentado florescimento na ação pastoral da família e, de outro lado, a presença de grandes dificuldades para uma frutuosa evangelização?

Esses acontecimentos são contrastantes. A solução consistirá no aperfeiçoamento da ação evangelizadora para a família e seus protagonistas.

São Paulo VI acentuou esses posicionamentos:

> "As condições da sociedade nos obrigam a rever os métodos, a procurar todos os meios e a estudar o modo de fazer chegar ao homem moderno a mensagem cristã". (Evangelii Nuntiandi, 3)

b) A unidade, a diversidade e a solidariedade

São Paulo, em sua epístola aos Coríntios, não quis produzir um tratado referente ao relacionamento do corpo humano e a seus membros. A intenção do autor sagrado foi usar dos conhecimentos da medicina de seu tempo para colocar um exemplo da natureza para um maior esclarecimento do ensinamento desejado. Ele sempre teve na mente seu espírito evangelizador (cf. 1Cor 12,12-21).

A passagem da origem do mundo é um exemplo esclarecedor:

> A narrativa da criação não é um tratado científico, mas um poema que contempla o universo como criatura de Deus. Ela procura salientar vários pontos: em primeiro, que existe um único Deus vivo e criador; em segundo, que a natureza não é divina nem está povoada por outras divindades; em terceiro, que o ponto alto da criação é a humanidade: homem e mulher, ambos criados à imagem e semelhança de Deus! (Bíblia Sagrada, Edição Pastoral, p. 14)

São Paulo, no texto citado, apresentou um "poema" que traz a visão da comunidade cristã. De igual modo, é um espelho que deve ser vivido pela família e por seus protagonistas:

> A imagem do corpo e membros é usada para falar da unidade, da diversidade e da solidariedade que caracterizam a comunidade cristã... Esta é una porque forma o corpo de Cristo (...) Contudo, as pessoas são diferentes entre si; cada uma com sua originalidade contribui para a construção e o crescimento de todas; portanto, não existe lugar para inesperados complexos de superioridade ou de

> inferioridade (...) O cimento da vida comunitária é a solidariedade, que faz todos voltarem-se para cada um, partilhando os problemas e as alegrias. (Bíblia Sagrada Edição Pastoral, p. 1.473)

Cada organismo ou setor eclesial procurará a compreensão de suas atividades que irão enriquecer o espírito solidário e fazer acontecer os sistemas, conduzindo para a plena unidade e para a formação integral do Corpo de Cristo.

Na família deve ocorrer a mesma coisa: seus protagonistas caminharão para a devida compreensão de suas ações e de sua missão, trazendo a experiência adquirida em muitos anos de labuta, dificuldades e superações nas estradas da vida, bem como os "anos dourados" da idade, reencenando, com sua sensibilidade, a vivência dos mais velhos:

> Os membros do corpo que parecem mais fracos são os mais necessários; e aqueles membros do corpo que parecem menos dignos de honra são os que cercamos de maior honra (...) Deus dispôs o corpo de modo a conceder mais honra ao que é menos nobre a fim de que não haja divisão no corpo, mas os membros tenham igual cuidado uns para com os outros. (1Cor 12,22-25)

Os protagonistas na família serão iluminados pelas valiosas colocações dessa maravilhosa epístola. Os que parecem mais fracos apliquem-se para sua fortaleza com a concreta convivência nessa comunidade; os que se julgam com menos honra voltem-se aos demais para a aquisição de um modo de ser; os que são mais notados procurem servir, com todo espírito cristão, seus queridos membros: será a intensa prática do diálogo e amor fraternos.

A unidade, a diversidade e a solidariedade devem formar na família um só elemento, um só conjunto, um só corpo, dirigidos para a comum evangelização.

Nessa estrada pastoral, surgirá a Unidade na Diversidade de seus membros pela prática da "Pastoral de Conjunto".

E a Solidariedade se tornará uma realidade com a definição e a organização dos sistemas, devidamente chamados na vida eclesial de "Pastorais Orgânicas".

Assim, por "Pastoral de Conjunto" se entende a integração total de todas as ações evangelizadoras da Igreja. Por sua vez, por "Pastorais Orgânicas" se entendem as integrações parciais das ações evangelizadoras da Igreja (diocesanas e paroquiais) dentro dos campos específicos de ação evangelizadora.

As Pastorais Orgânicas, bem compreendidas, delimitadas e articuladas, são as que dão vida, fluidez e eficácia à Pastoral de Conjunto. Elas são as seguintes em ordem alfabética: "Pastoral Bíblico-Catequética, Pastoral da Comunicação, da Cultura, do Diálogo Inter-Religioso, do Dízimo, do Ecumenismo, da Educação, da Família, da Liturgia, da Oração, Social e Vocacional, com seus setores especializados de atuação".

Os irmãos interessados em uma maior ilustração nessa questão poderiam utilizar a obra dos autores intitulada "Uma Nova Evangelização: Pastoral de Conjunto e Pastorais Orgânicas".

Enfim, São João Paulo II vem sabiamente esclarecer:

"A comunhão eclesial se configura, mais precisamente, como uma comunhão orgânica, análoga à de um corpo vivo e operante: ela, de fato, caracteriza-se pela presença simultânea da diversidade e da complexidade dos ministérios e carismas!" (Christifideles Laici, 20)

c) A hierarquia e os leigos

A CNBB coloca que os agentes pastorais essenciais, tanto da hierarquia como do laicato, são chamados, de uma maneira ativa e solidária, para a edificação da comunidade eclesial:

> Há na Igreja uma divisão de tarefas que acaba se enrijecendo e mal servindo a sua própria finalidade. É, por exemplo, certo modo de opor clero e laicato, pelo qual o laicato acaba perdendo sua condição de sujeito da missão e deixando de assumir sua responsabilidade na evangelização (...) O desafio é encontrar uma comunidade toda missionária e unida harmoniosamente pelo exercício adequado de lideranças e uma sábia partilha de responsabilidades. (CNBB, doc. 40, 22)

Assim, a composição e a organização da Coordenação da Ação Evangelizadora expressariam e realizariam tais verdades.

Não se poderia permanecer nas meras intenções, nas palavras sem ação, nas colocações mais figurativas que reais. Cabe aos pastores a diligência para a efetivação dessas realidades:

> Os sagrados Pastores sabem que Jesus Cristo não os instituiu para se encarregarem sozinhos de toda a missão salvadora para com o mundo, mas que seu cargo sublime consiste em pastorear os fiéis e em reconhecer seus serviços e carismas para que todos, cada um segundo seu modo próprio, cooperem na obra comum! (CNBB, doc. 62, 77)

A participação dos leigos em conjunto com os pastores nas tarefas evangelizadoras vem mostrar a figura da Igreja mais participativa e mais fraterna:

> Os leigos, pois, assim como pela condescendência divina têm como irmão a Cristo que, sendo Senhor de tudo, veio, no entanto, não para ser servido, mas para servir (Mt 20,28), têm também como irmãos os que, colocados no sagrado ministério, ensinando, santificando e regendo pela autoridade de Cristo, apascentam a família de Deus. (Lumen Gentium, 32)

E o Concílio, quanto ao eficaz exercício da missão evangelizadora da Igreja, insiste neste aspecto:

> A Igreja não realiza o discernimento evangélico próprio só por meio dos Pastores, os quais ensi-

nam em nome e com o poder de Cristo, mas também por meio dos leigos. Por esta razão constituiu-os testemunhas e ornou-os com o senso da fé e a graça da palavra (At 2,17-18), para que brilhe a força do Evangelho na vida cotidiana, familiar e social. (Lumen Gentium, 35)

Assim, é deveras essencial que ocorra a força do Evangelho na comunidade familiar por meio de seus protagonistas e nisso reside, com toda a disponibilidade, a ação eclesial em relação aos leigos:

> O Ministério Ordenado, em uma eclesiologia de totalidade e em uma Igreja toda ministerial, não detém o monopólio da ministerialidade da Igreja. Não é, se pode dizer, "a síntese dos ministérios", mas "o ministério da síntese"; seu carisma específico é o da presidência da comunidade, e, portanto, a animação e – com a indispensável participação ativa e adulta de toda a comunidade – o discernimento final dos carismas!" (CNBB, doc. 62, 87)

As tarefas a serem desenvolvidas em todas as atividades da Igreja deveriam ser desempenhadas com a participação da hierarquia e dos leigos: o bispo e os párocos terão a função presidencial e consultiva no pastoreio das coordenações.

A CNBB, em seu novo livro "Cristãos leigos e leigas na Igreja e na sociedade", equipara os leigos a sujeitos na Igreja e no mundo, da mesma maneira que a Igreja Ministerial. São, também, "Sal da terra e Luz do Mundo" (cf. Mt 5,13-14):

"Os cristãos leigos e leigas, na Igreja e na sociedade, devem ter olhares luminosos e corações sábios, como Jesus Cristo e seu Evangelho".
(CNBB, doc. 105, 13)

O Ministério dos Cristãos Leigos e das Cristãs Leigas se trata de um carisma que assume a forma de um serviço à Comunidade eclesial e à sociedade, para responder às exigências de sua missão, exprimir uma verdadeira responsabilidade e ser acolhido e reconhecido pela Igreja:

> O ministério ordenado, em sua missão de servir, no tríplice múnus de ensinar, santificar e pastorear, supõe uma comunidade de verdadeiros sujeitos eclesiais, com participação consciente, ativa e adulta. Sem isso, perde-se o espírito de comunhão e cresce o espírito de autoritarismo e da subserviência, não o do serviço e da corresponsabilidade.
>
> ****
>
> Enfim, não é mais possível pensar uma Igreja que não incentive a participação e a corresponsabilidade dos cristãos leigos e leigas na missão (...) Estes devem ser reconhecidos e valorizados, não somente nas equipes de liturgia e de catequese, mas também no ministério teológico, nas coordenações, assembleias de planejamento, nos conselhos pastorais e econômicos e em outras instâncias de decisão, tendo em vista a missão comum em favor do Reino de Deus. (CNBB, doc. 105, 156.160)

A Exortação "Christifideles Laici" afirma o significado positivo dos fiéis leigos e leigas como membros do povo de Deus:

"Sujeitos ativos na Igreja e no mundo, membros da Igreja e cidadãos da sociedade humana".
(Christifideles Laici, 18)

E, dentre os sujeitos na Igreja e na sociedade, os membros da família devem aprimorar sua essência de uma comunidade de vida e amor, de uma escola de valores e de uma Igreja Doméstica, alicerçados no Diálogo e no Amor:

> Nela se aprendem as orientações básicas da vida: o afeto, a convivência, a educação para o amor, a justiça e a experiência da fé (...) É missão da família abrir-se à transmissão da vida, à educação dos filhos, ao acolhimento dos idosos, aos compromissos sociais (...) Assim, o mundo se torna uma grande família onde os cristãos leigos e leigas são protagonistas da evangelização. (CNBB, doc. 105, 255)

Desse modo, a família e seus protagonistas são chamados à marcha ordenada do Povo de Deus em seu ministério no lar, na Igreja e na sociedade:

"Que a Virgem Maria, Mãe da Igreja, seja também a Mãe da 'Igreja Doméstica', e, graças a seu auxílio materno, cada família cristã possa tornar-se

verdadeiramente uma 'pequena Igreja', na qual se manifeste e reviva o mistério da Igreja de Cristo (...) E, assim, Cristo estará presente em cada lar cristão e concederá luz, felicidade, serenidade, fortaleza".
(Familiaris Consortio, Conclusão)

Epílogo

A intenção dos autores, nesta obra, de nenhuma maneira foi oferecer um ensinamento para os leitores, mas sim transmitir uma experiência acumulada em anos de tentativas de caminhada em uma Comunidade Eclesial por meio de uma conversão e de um aprendizado dos valores de ser protagonistas na família, que está tão necessitada de uma construção, coparticipação, eficiência, diálogo e amor.

Todas as realidades e as experiências de vida comunitária contidas nesta obra são o resultado dos pensamentos, dos sentimentos, dos aprendizados, da procura de conhecimentos e das descobertas consequentes, palmilhados passo a passo pelos autores, inclusive no antigo Conselho Diocesano de Pastoral, hoje Conselho Diocesano da Ação Evangelizadora, e recebidos por eles com a nítida alegria do esforço partilhado no diálogo e amor ao longo de muitos anos.

As lindas maravilhas realizadas por Deus e a descoberta de sua fidelidade e misericórdia são os alicerces desta mensagem humilde e alegre de fé, de esperança e de uma insistente convivência.

Trata-se, assim, de uma experiência notadamente comunitária e, como razão deste livro, de uma efetiva atitude de disponibilidade e de serviço:

"Não se esconde um tesouro sobre a terra, nem se guarda sua justiça dentro do coração, mas há de se falar de sua fidelidade e de sua salvação, mostrando seu amor e sua vontade". (Sl 40,11)

Para a maior glória de Deus.

Bibliografia

1. Bíblia Sagrada

BÍBLIA SAGRADA. Edição Pastoral. Paulus, 1990.
BÍBLIA SAGRADA. A Bíblia de Jerusalém. Paulus, 1995.
BÍBLIA MENSAGEM DE DEUS. São Paulo: Loyola, 2002.
TRADUÇÃO ECUMÊNICA DA BÍBLIA. São Paulo: Loyola, 2002.

2. Concílio Vaticano II (em ordem da natureza)

CONSTITUIÇÃO DOGMÁTICA LUMEN GENTIUM. 25. ed. Vozes, 1996.
CONSTITUIÇÃO PASTORAL GAUDIUM ET SPES. 25. ed. Vozes, 1996.
DECRETO AD GENTES. 25 ed. Vozes, 1996.
DECRETO APOSTOLICAM ACTUOSITATEM. 25. ed. Vozes, 1996.

3. Magistério pontifício (em ordem da natureza)

PAPA FRANCISCO. *Exortação Apostólica Amoris Laetitia*. Loyola, 2016.
PAPA FRANCISCO. *Exortação Apostólica Evangelii Gaudium*, 2014.
JOÃO PAULO II. *Exortação Apostólica Familiaris Consortio*. 10. ed. Paulinas, 1981.
JOÃO PAULO II. *Exortação Apostólica Christifideles Laici*. 16. ed. Paulinas, 2001.
PAULO VI. *Exortação Apostólica Evangelii Nuntiandi*. 16. ed. Paulinas, 2001.
JOÃO PAULO II. *Carta Apostólica Salvifici Doloris*. 3. ed. Paulinas, 1988.

4. Pronunciamentos papais (em ordem de edição)

PAULO VI. *Mensagem para o Dia Mundial das Missões*. 1972.
PAPA BENTO XVI. *Perguntas e Respostas*. Pensamento, 2009.
L'OSSERVATORE ROMANO: *Discurso no Evento com as Famílias*, 2015.

5. Encíclica de João Paulo II

CARTA ENCÍCLICA REDEMPTORIS MISSIO. Paulus, 1990.

6. Conferências Episcopais Latino-Americanas (em ordem de edição)

IV Conferência Episcopal Latino-Americana, São Domingos: Loyola, 1993.
Celam: La Pastoral de las Famílias en Situaciones Irregulares. Colección Autores. 8. ed., n. 21, 1998.
V Conferência Geral do Episcopado Latino-Americano e do Caribe – *Documento de Aparecida*. Vários Autores. 8. ed. 2008.

7. Conferência Nacional dos Bispos do Brasil (em ordem de assuntos)

Gerais
Cnbb. *Diretrizes Gerais da Ação Evangelizadora da Igreja no Brasil*. Doc. 87, Paulinas, 2008.
Cnbb. *Igreja: Comunhão e Missão*. Doc. 40, 9. ed. Paulinas, 2000.
Cnbb. *Missão e Ministérios dos Cristãos Leigos e Leigas*. Doc. 62, Paulinas, 1999.
Cnbb. *Cristãos leigos e leigas na Igreja e na sociedade*. Doc. 105, 2017.

Específicos
Cnbb. *Iniciação à vida cristã*. Doc. 107. 2. ed., 2017.
Cnbb. *Para uma Pastoral da Educação*. Doc. 41. 3. ed. Paulinas, 1987.

CNBB. *Pastoral da Educação.* Texto Base, 6. ed.
CNBB. *Pastoral Familiar no Brasil.* Doc. 65. 16. ed. Paulus, 2005.

8. Documentos diocesanos (em ordem de edição)

V ASSEMBLEIA DIOCESANA DE PASTORAL. Diocese de Jundiaí, 2000.
JORNAL O VERBO. *Reunião Geral do Clero*, abril, 2007.

9. Pronunciamento diocesano

DOM GIL ANTÔNIO MOREIRA. *Jornal O Verbo.* 2ª Quinzena, novembro, 2008.

10. Pronunciamentos diversos (em ordem de edição)

DOM AMAURY CASTANHO. *Carta Pastoral:* O Espírito Santo crescerá sobre vós e sereis minhas Testemunhas. 1999.
EQUIPES NOSSA SENHORA. *Espiritualidade Conjugal.* Super-Região. Brasil, 2007.
DOM CLÁUDIO HUMMES. *Carta aos Presbíteros.* Jornal O Verbo. 2ª Quinzena, junho, 2009.
EQUIPES DE NOSSA SENHORA. Carta Mensal, 509. *A fragilidade do Casal e da Família.* Conceição e Macedo, CRP Nordeste, 2017.

Equipes de Nossa Senhora. *Carta Mensal,* 510, setembro, 2017.
Equipes de Nossa Senhora. *Carta Mensal,* 511, outubro, 2017.

11. Publicações diversas (em ordem alfabética de autores ou de assuntos)

Cardeal Joseph Ratzinger. *Dogma e Anúncio.* Loyola, 2007.
Carlos Mesters. *Deus, onde estás?* 9. ed. Vozes, 1991.
Catecismo da Igreja Católica. Diversos Autores. 3 ed., 1993.
Código de Direito Canônico. Loyola, 1987.
Pontifício Conselho Justiça e Paz. *Compêndio da Doutrina Social da Igreja.* 5. ed. Paulinas, 2009.
Compêndio do Vaticano II. 25. ed. Vozes, 1996.
Concílio Vaticano II. *Análise e Prospectivas.* Diversos Autores. 2. ed. Paulinas, 2005.
Dicionário Aurélio de Língua Portuguesa. 5. ed. Positivo, 2010.
Dom Amaury Castanho. *Evangelização da Cidade.* Própria, 2002.
Frei Elias Vella. *O Espírito Santo-Vida da Igreja.* Canção Nova, 2005.
João Bosco Oliveira e Aparecida de Fátima Fonseca Oliveira. *Uma Nova Evangelização*: Pastoral de Conjunto e Pastorais Orgânicas. 1. ed. Paulus, 2011.
João Bosco Oliveira e Aparecida de Fátima Fonseca Oliveira. *Casais em 2ª união*: A Igreja é o seu lugar. Canção Nova, 2017.

João Maria Cabodevilla. Consolación de la brevedad de la vida. Madrid: Biblioteca de autores Cristianos, 1982. *Pastoral Familiar*: As Famílias em Situações Especiais. Loyola, 2003.

José Lisboa Moreira de Oliveira. *Evangelho da Vocação*. Loyola, 2003.

José H. Prado Flores. *Ide e Evangelizai os Batizados*. Loyola, 2002.

Karl Rahner. *Elementos de espiritualidade na Igreja do futuro*. Loyola, 1992.

Padre Cleto Caliman. *Concílio Vaticano II:* Análise e Prospectivas. 2005, p. 243.

Pontifício Conselho para Família. *XIII Assembleia Plenária*. Rio de Janeiro: Roma, 1997.

Santo Agostinho. *De Civitate Dei XIV*. Vocabulário de Teologia Bíblica. Vários Autores. 5. ed. Vozes, 1992.

Índice

Apresentação 1 – *Dom Vicente Costa* 7
Apresentação 2 – *Dom Gil Antônio Moreira* 11
Prólogo – *Dom Henrique Soares da Costa* 13
Introdução – *João Bosco Oliveira e Aparecida de Fátima Oliveira* 21

1. A importância da família 27

2. O matrimônio cristão 31
a) Os sacramentos da fé 31
b) O matrimônio e o mistério 33

3. Os protagonistas 35
a) O casal cristão 35
b) Os filhos e os demais membros da família 38
c) A comunidade 42

4. A maravilha do diálogo 45
a) A arte do diálogo 45

b) O ouvir compreensivo 47
c) O diálogo com Deus 49

5. A excelência do Amor 51
a) Uma visão do Amor 51
b) A vivência do Amor 53
c) O dom de Deus 56

6. As carências na família 61
a) Uma crise existencial 61
b) Liberdade ou permissividade? 62
c) Uma expectativa superficial 64
d) Dos problemas familiares 66

7. A importância da evangelização 69
a) A necessidade da evangelização 69
b) A comunhão familiar 72

8. Os desafios da evangelização 77
a) As lamentáveis mudanças 77
b) O outro caminho 81

9. O caminho da evangelização 85
a) Uma nova primavera 85
b) O aperfeiçoamento pastoral 86

10. Uma nova evangelização 91
a) Sua importância 91

b) À procura do significado 93
c) A demanda de um novo meio 95

11. A hierarquia e a nova evangelização 99
a) O labor pastoral 99
b) As luzes e as sombras 101

12. A família e a nova evangelização 107
a) A causa principal das dificuldades 107
b) Protagonistas ou subordinados? 112

13. Instrumentos para uma nova evangelização 119
a) Considerações gerais 119
b) A renovação na evangelização da família 121
c) Os instrumentos 123
1. A pastoral bíblico-catequética 123
2. A pastoral da educação 125
3. A pastoral familiar 127
4. A pastoral vocacional 129

14. Uma efetiva dinâmica 133
a) Uma nova visão 133
b) Uma concreta integração 135
c) A comunhão dos agentes 138
d) A nova dinâmica: o diálogo e o amor 140

15. A organização pastoral 149
a) O ministério 149

b) A unidade, a diversidade e a solidariedade...................151
c) A hierarquia e os leigos...155

Epílogo..161
Bibliografia..165

A marca FSC® é a garantia de que a madeira utilizada na fabricação do papel deste livro provém de florestas que foram gerenciadas de maneira ambientalmente correta, socialmente justa e economicamente viável.

Este livro foi composto com as famílias tipográficas Adobe Caslon Pro, Soutane e Segoe UI e impresso em papel offset 70g/m² pela **Gráfica Santuário**.